Nord-Afrikanische Küche

Würzige Gerichte
aus dem Orient

Nord-Afrikanische Küche

Ghillie Başan

Würzige Gerichte aus dem Orient

EDITION XXL

Erstveröffentlichung unter dem Titel:
„Tagines"
© Aquamarine, ein Imprint von
Anness Publishing Ltd, 2014

Genehmigte Lizenzausgabe
EDITION XXL GmbH
Industriestraße 19
64407 Fränkisch-Crumbach 2018
www.edition-xxl.de

Übersetzung: Elvira Bittner
Fotografie: Martin Brigdale
Food-Styling: Annie Rigg, Lucy McKelvie und
Linda Tubby
Prop-Styling: Martin Brigdale und Helen Trent
Design: Lisa Tai

ISBN (13) 978-3-89736-193-5

Bitte beachten Sie:
- Wenn Sie eine der angegebenen Zutaten in den üblichen Fachgeschäften nicht finden, können Sie diese im Internet über den Fachhandel erwerben.
- Die Nährwertangaben unter jedem Rezept beziehen sich jeweils auf eine Portion.
- Die angegebenen Backtemperaturen gelten für Backöfen mit Ober- und Unterhitze. Wenn Sie mit Umluft backen, muss die Temperatur um 20 Grad reduziert werden (Beispiel: 180 °C Ober- und Unterhitze = 160 °C Umluft). Generell gilt, dass die Heizleistung von Backöfen trotz gleicher Temperatureinstellung variieren kann, je nach Hersteller und Modell.
- 1 TL (Teelöffel) = ca. 6 g
  1 EL (Esslöffel) = ca. 12 g

Inhalt

Einleitung

Im äußersten Nordwesten des afrikanischen Kontinents gelegen, ist Marokko ein Tor zu den kulinarischen Einflüssen aus Zentral- und Nordafrika, zu den traditionellen Essgewohnheiten der arabischen Welt im Osten und zu den andalusischen Aromen Südspaniens auf der anderen Seite des Mittelmeers. Wie kein anderes Gericht verkörpert die Tajine dieses ungewöhnlich reichhaltige Sammelsurium an Geschmäckern und Strukturen, und sie ist daher überall in der Welt zum Inbegriff der marokkanischen Küche geworden.

Marokko ist ein Land, in dem Geschichte und Moderne atmosphärisch miteinander verwoben sind, in Geographie, Architektur und Kultur. Vom eindrucksvollen Atlasgebirge bis zu den majestätischen Städten der alten Königsdynastien, von den Wüstengebieten im Süden bis zur sonnendurchfluteten Meeresküste im Westen, ist Marokkos mannigfaltige Essenskultur nicht zuletzt auch ein Spiegelbild seiner abwechslungsreichen Landschaften.

Geschichte und Kultur

Die Araber, die zwischen dem 7. und dem 14. Jahrhundert in die Region eindrangen, brachten Gewürze, Nüsse und Früchte mit, von denen einige in die persisch inspirierten Fleisch-Tajines eingearbeitet wurden. Sie brachten auch den Islam und seine Speisegesetze, die bestimmte Regeln beim Schlachten eines Tiers und das Verbot des Verzehrs von Schweinefleisch beinhalten. Die Mauren hatten nach ihrer Vertreibung aus Spanien Oliven, Olivenöl, Tomaten und Paprika im Gepäck und die Juden steuerten nach ihrer Flucht vor der spanischen Inquisition wertvolle

Die Form und Größe einer Tajine steht oft für den Berberstamm oder die Stadt, aus der sie kommt.

Konservierungstechniken bei, wie sie sich etwa in den allgegenwärtigen Salzzitronen wiederfinden. Auch die ottomanischen Türken hinterließen Spuren, indem sie ihre komplexen Gebäckvariationen und Kebabs mitbrachten, und die Spanier und Franzosen schließlich erlangten nach der Kolonialisierung bestimmter Regionen Marokkos dauerhaften Einfluss auf seinen Kochstil, beispielsweise mit Suppen und verfeinerten Fischgerichten, mit ihrer Kaffee-Kultur, der Weinherstellung und der Sprache.

Die Berber

Das Herz der marokkanischen Kochkultur bilden die einfachen, traditionellen Gerichte der einheimischen Berberbevölkerung und das besondere Geschenk, das sie dem Land mit Tajine und Couscous gemacht haben. Schon zu Beginn der archäologischen Aufzeichnungen haben die Berber in Nordafrika gelebt, zwischen der Grenze zu Ägypten und der marokkanischen Westküste, und auf vielen Felsen in der Sahara haben sie mit Malereien zu bestimmten Aspekten ihrer Kultur ihre Spuren hinterlassen. Ursprünglich waren sie Bauern und lebten Seite an Seite mit den nomadischen Tuareg und den Beduinen in der Wüste, sodass ihr Einfluss auf die Küche der Region schon lange vor der Invasion der Araber zum Tragen kam. Obwohl die Berber gezwungen waren, vom Christentum zum Islam zu konvertieren und neue religiöse und kulinarische Gewohnheiten anzunehmen, sind sie bis heute bestrebt, ihr kulturelles Erbe am Leben zu erhalten. Viele ländliche Berbergemeinden sprechen ihre eigenen Sprachen und Dialekte und sind von leidenschaftlichem Stolz auf ihre Herkunft und nicht zuletzt auch auf ihre Küche erfüllt, egal ob es nun um das schlichte Rösten von Fleisch über offenem Feuer geht oder um die Kreation ausgefeilter und besonders aromatischer Tajines in den alten Königsstädten der Berberdynastien – Marrakesch, Fes, Meknes und Rabat. Diese wundervollen Gerichte, die den Duft nach wärmenden Gewürzen und Würzmischungen verströmen, lassen Erinnerungen an die verschwenderischen Kochkünste des mittelalterlichen Bagdad und des maurischen Spanien anklingen.

Kochkultur

Essen und Familie sind der Herzschlag marokkanischer Kultur. Das tägliche Leben spielt sich rund um die Nahrungsaufnahme ab, wobei ein Besuch auf dem Markt oder ein Gläschen Tee in den zahllosen Cafés und Straßenbars unbedingt dazugehören. Die meisten Mahlzeiten beginnen mit einer Auswahl kleiner Gerichte, die den Appetit anregen sollen und von eingelegten Oliven bis zu pürierten Gemüsedips, herzhaften Pasteten und würzigen Salaten reichen. Darauf folgt vielleicht ein Schälchen Suppe oder eine Tajine, die mit einer Portion Couscous oder frischem Brot serviert wird. Alternativ kann Couscous auch als eigener Gang gereicht werden, etwa als Festtagsgericht oder als Magenfüller. Anschließend wird gegrilltes oder gebratenes Fleisch, Geflügel oder Fisch serviert und frisches Obst komplettiert normalerweise die Mahlzeit. Zu besonderen Gelegenheiten endet man vielleicht auch mit einem Dessert, aber die meisten süßen Gerichte werden eher als eigenständiger Snack genossen oder als besondere Geste der Gastfreundschaft bei Einladungen dargeboten. Nach dem Essen wird heißer Minztee ausgeschenkt, um die Verdauung zu unterstützen.

Was ist eine Tajine?

Eine Tajine ist ein langsam gekochtes Schmorgericht, das sich durch sein wohlschmeckendes Aroma und seinen vollen Geschmack auszeichnet. Das Wort „Tajine" bezieht sich jedoch sowohl auf das gekochte Gericht als auch auf das Kochgefäß. Auf ein spezielles Holzkohlebecken platziert, das die Hitze um den Boden herum gut verteilt, ermöglicht es die Tajine den Zutaten, sanft im Dampf unter dem Deckel vor sich hin zu köcheln, sodass sie schön zart und saftig bleiben. Zu Hause können Sie eine Tajine auch im Backofen oder auf der Herdplatte zubereiten. Traditionell wird sie direkt aus dem Kochgefäß serviert, mit Brot als Beilage zum Aufsaugen der Soße, aber in manchen Regionen wird der Inhalt auch in einer schöner verzierten Tajine-Variante serviert, die mit Mustern in Blau, Türkis, Grün, Gelb und Rot versehen ist.

Viele der traditionellen Tajines lassen sich auch durch die verwendeten Kochfette und Gewürze unterscheiden: So werden manche in Oliven- oder Arganöl gekocht, andere wiederum mit Smen oder Ghee aromatisiert; einige werden mit Honig und den blumigen Duftnoten von Safran und Orangenblütenwasser gesüßt; und wieder andere werden mit Chili, Ras el Hanout und Harissa gewürzt oder auch mit säuerlichen Früchten wie etwa Salzzitronen verfeinert.

Um komplexe Geschmäcker zu kreieren, benutzt man in der Tajine aromatische und wärmende Gewürze.

Die Kochmethoden, wie Anbraten oder Sautieren, und die Flüssigkeitsmenge sind von Ort zu Ort unterschiedlich, je nachdem, ob man sich auf dem Land oder in den Städten befindet. Für größere Gruppen, wie etwa bei religiösen Feiertagen oder Familienfesten, ist die traditionelle Tajine nicht groß genug für alle Esser, daher werden stattdessen große, mit Blech ausgeschlagene Kupfertöpfe verwendet, die man K'dras nennt. Die meisten K'dra-Gerichte werden in Smen oder Ghee gekocht.

Eine Tajine kaufen

Tajines gibt es in verschiedenen Formen und Größen. Damit man sie zum Kochen benutzen kann, müssen sie glasiert sein und 24 Stunden lang in Wasser eingelegt werden. Manchen tut es auch gut, wenn sie „eingekocht" werden (mit einer Mischung aus Öl und Wasser oder Milch füllen, dann sanft durcherhitzen, um den Tongeschmack zu entfernen und sie für langes Kochen über Hitze vorzubereiten). Heutzutage werden viele Tajines mit einem Hitzeverteiler für den Gebrauch auf herkömmlichen Herden und Gasplatten verkauft, aber sie können trotzdem noch kleine Sprünge bekommen. Für ein problemloses Tajine-Kochen sollten Sie in ein Modell mit irdenem, kegelförmigen Deckel, aber mit gusseisernem Boden investieren.

Couscous

Couscous ist ein Grundnahrungsmittel in der gesamten nordafrikanischen Region. Eine Mahlzeit ohne Couscous ist vor allem für die Marokkaner undenkbar. Er wird traditionell als eigener Gang serviert, kann aber auch als Beilage zu Tajines oder gegrilltem und gebratenem Fleisch gereicht werden. Ob nun mit Öl benetzt, mit gehackten Kräutern untermischt oder mit Gewürzen bestreut, Couscous wird oft und gerne zubereitet.

Das Wort „Couscous" bezeichnet sowohl die getrockneten Körnchen als auch das gekochte Gericht. Traditionell wird er in einer „Couscousière" zubereitet – einem zweiteiligen Kochtopf mit einem Behälter für Fleisch, Bohnen oder Gemüse, auf den ein Dampfaufsatz für den Couscous gesetzt wird. Couscous gilt auch als Getreide, was aber nicht stimmt; stattdessen könnte man ihn als marokkanische „Pasta" bezeichnen, da er aus verschiedenen Mehlen hergestellt wird, die mit Wasser gemischt und von Hand gerollt werden.

Couscous-Sorten

Es gibt viele verschiedene Arten von Couscous, manche sind aus Weizenmehl, andere aus Gerste, Mais oder Hirse hergestellt. In den Dörfern auf dem Land bringen Frauen Säcke voller Weizen zu der nächstgelegenen Mühle, wo er zu Grieß gemahlen wird. Daraus bereiten sie dann Couscous zu: Sie sprenkeln Wasser auf das Grießmehl und durchrechen es mit den Fingern, bis kleine Bällchen entstehen. Diese werden anschließend durch ein Sieb zu Körnchen passiert und zum Trocknen ausgebreitet. In den modernen Haushalten der Städte zieht man es meist vor, diesen arbeitsintensiven Prozess zu umgehen. Stattdessen kauft man Säcke mit bereits vorbereitetem Couscous, der mehrmals gedämpft werden muss, bevor er genießbar ist, oder auch gleich die schon vorgekochten Körnchen, die man vor dem Gebrauch nur zum Aufquellen in Wasser einweicht.

Die Rezepte in diesem Buch verwenden die vorgekochte Version, die bei uns in den meisten Supermärkten zu finden ist.

Couscous zubereiten:

Mit diesem Grundrezept für die Zubereitung von Couscous erzielen Sie immer ein besonders lockeres und buttriges Ergebnis. Fangen Sie mit der Zubereitung an, wenn Ihre Tajine noch 30 Minuten zu kochen hat.

FÜR 4 PERSONEN
½ TL Salz
400 ml warmes Wasser
350 g Couscous Medium
2 EL Sonnenblumenöl
1 walnussgroßes Stück Butter

1 Das Salz ins Wasser rühren. Den Couscous in eine Schale geben und unter Rühren das Wasser zugießen. 10 Minuten zur Seite stellen. Den Backofen auf 180 °C vorheizen. Mit den Fingern das Sonnenblumenöl in den Couscous reiben.

2 Den Couscous in eine feuerfeste Form geben. Die Butter in kleine Stückchen schneiden und darauf verteilen. Mit Folie bedecken und im Backofen 20 Minuten erhitzen. Den Couscous mit einer Gabel auflockern und servieren.

Couscous ist überall auf der Welt im Supermarkt erhältlich – er muss vor Gebrauch nur eingeweicht werden.

Couscous-Traditionen

Aus diätetischen, religiösen und symbolischen Gründen ist Couscous für die marokkanische Kochkultur von fundamentaler Bedeutung. Es gibt verschiedene Rituale für seine Zubereitung und viele Marokkaner glauben, dass dem, der ihn verzehrt, Gottes Segen zuteil wird. An Feiertagen und am Freitag – dem islamischen Ruhetag, an dem er traditionell auch an die Armen verteilt wird – wird Couscous in jedem muslimischen Haushalt zubereitet. Es gibt ein marokkanisches Sprichwort, dass jedes Körnchen Couscous für eine gute Tat steht – woraus unweigerlich folgt, dass man täglich große Mengen Couscous essen sollte.

Es ist ein eindrucksvoller Anblick, wenn der Couscous bei einem Bankett oder Festmahl zu einem kegelförmigen Berg gehäuft wird. Normalerweise wird er als Gemeinschaftsgericht serviert, sodass der Haufen außerordentlich hoch sein kann. Die althergebrachte Art, Couscous zu essen, erfordert ein wenig Übung: Nachdem der Haufen auf den Boden oder einen niedrigen Tisch gestellt wurde, fahren die Speisenden mit nach oben geöffneter Hand in die Körner hinein, um sie gefüllt wieder hervorzuziehen; dann rollen sie die Körner gekonnt zwischen Zeige-, Mittelfinger und Daumen, um kleine, feste Kugeln daraus zu formen, welche oft auch Fleisch- oder Gemüsestückchen enthalten. Diese werfen sie sich dann mit der größten Selbstverständlichkeit in den Mund. Die Tradition gilt gleichermaßen für Jung und Alt, Reich und Arm, was symbolisiert, dass der Akt des Servierens und Essens von Couscous alle Menschen in Marokko verbindet. Dieses machtvolle kulinarische Erbe macht den Couscous zum Eckpfeiler marokkanischer und nordafrikanischer Esskultur.

Für maximalen Geschmack wird der gequollene Couscous mit Öl eingerieben, das sich wie ein Mantel um die Körnchen legt. Manchmal werden auch gehackte Kräuter beigefügt.

Gewürze und Aromen

Das Herz einer jeden Tajine bilden die Gewürzmischungen und Aromen, die seit Jahrhunderten darin verwendet werden. Traditionelle Zutaten wie etwa Salzzitronen, Harissa-Paste und Chermoula-Marinade sind essentiell, wenn Sie authentische Gerichte zubereiten möchten. Die meisten dieser Würzmittel können zwar inzwischen im Supermarkt gekauft werden, sie können nach den folgenden Grundrezepten jedoch auch zu Hause einfach hergestellt werden.

Chermoula

Diese scharfe und pikante Marinade wird zu gegrilltem Fisch, Gemüsegerichten und Tajines gereicht. Sie kann in der Küchenmaschine oder im Mixer hergestellt werden.

Für 1 Rezept
2–3 Knoblauchzehen, gehackt
1–2 rote Chilis, entkernt und gehackt
1–2 TL Kreuzkümmelsamen
1 TL grobes Meersalz
1 Prise Safranfäden, eingeweicht in
   1 EL Wasser
Saft von 1 Zitrone
4 EL Olivenöl
1 kleines Bund frischer Koriander,
   fein gehackt

1 Mit einem Mörser den Knoblauch und die Chilis mit den Kreuzkümmelsamen und dem Salz zermahlen, bis eine Paste entsteht.

2 Den Safran samt Einweichwasser, Zitronensaft und Öl unterschlagen und frischen Koriander einrühren.

3 Die Mischung ist in einem sterilisierten Gefäß im Kühlschrank 1–2 Wochen haltbar.

Salzzitronen

Sie verleiht den Speisen einen salzig-zitronigen Geschmack. Traditionell werden dafür kleine, dünnschalige Früchte verwendet, doch auch gewöhnliche Zitronen sind geeignet.

Für 10 Zitronen
10 kleine, unbehandelte Zitronen
150 mg Meersalz
2 Zitronen zum Ausdrücken

1 Die Zitronen waschen und trocknen. An jeder Zitrone oben und unten eine dünne Scheibe abschneiden. Die Zitronen aufstellen und längs vierteln, allerdings nicht ganz durchschneiden, sodass die Viertel unten immer noch verbunden sind.

2 Mit viel Salz ausstopfen und in ein Gefäß setzen, damit sie zusammengedrückt werden. 3–4 Tage stehen lassen, bis die Schale weich wird.

3 Die Zitronen nochmals ins Gefäß drücken und frischen Zitronensaft zugießen, bis sie möglichst bedeckt sind. Mindestens 1 Monat lagern. Dann einfach das Salz abwaschen und nach Rezept weiterverwenden.

Smen (Abgelagerte Butter)

Der Geschmack von Smen, einer traditionellen Spezialität der Berber, ist streng. Es wird mit Kräutern und Gewürzen aromatisiert und in irdenen Töpfen monatelang gereift.

Für 500 g
500 g ungesalzene weiche Butter
150 ml Wasser
1 EL Meersalz
1 EL getrockneter Oregano

1 Das Wasser mit dem Salz und dem Oregano erhitzen und etwas einkochen lassen, dann direkt auf die weiche Butter seihen.

2 Alles mit einem Holzlöffel gut vermischen und dann auskühlen lassen.

3 Die Butter zum Binden mit den Händen kneten, überschüssiges Wasser ausdrücken und abgießen. Die Butter in ein heißes, sterilisiertes Gefäß abfüllen. Das Gefäß verschließen und mindestens 6 Wochen an einem kühlen, trockenen Ort lagern. Nach dem Öffnen im Kühlschrank aufbewahren und innerhalb einer Woche verbrauchen.

Harissa

Harissa ist eine feurige Paste, die aus gemahlenen Gewürzen, frischem Koriander und vorher eingeweichten, getrockneten roten Chilis oder auch aus frischen, gerösteten Chilis hergestellt wird. Sie wird zu Fleisch, Fisch und Gemüsegerichten gereicht, Marinaden und Soßen beigefügt oder auch mit Joghurt oder Olivenöl vermischt als Dip serviert. Harissa ist im Supermarkt erhältlich, kann aber auch nach unten stehendem Rezept selbst hergestellt werden.

Für mehrere Rezepte

8 große, getrocknete rote Chilis, aufgeschnitten und entkernt
2 Knoblauchzehen, zerdrückt
½ TL Meersalz
½ TL gemahlener Koriander
1 TL gemahlener Kreuzkümmel
3–4 EL Olivenöl
1 kleines Bund frischer Koriander, fein gehackt

1 Die Chilis etwa 40 Minuten in Wasser einweichen, abgießen und ausdrücken.

2 Die Chilis zusammen mit dem Knoblauch und dem Salz im Mörser zermahlen. Mit Koriander, Kreuzkümmel und Öl eine dicke Paste herstellen. Den frischen Koriander einrühren.

3 Harissa in ein sterilisiertes Gefäß füllen und mit Olivenöl bedecken. Im Kühlschrank ca. 1 Monat haltbar.

Ras el Hanout

Diese berühmte Gewürzmischung wird wörtlich mit „der Chef des Ladens" übersetzt. Sie besteht aus mindestens dreißig verschiedenen Gewürzen, wobei jeder marokkanische Gewürzhändler sein eigenes Rezept hat. Deshalb ist es auch unmöglich, ein authentisches Ras el Hanout zu Hause herzustellen. Das folgende Rezept beschwört zumindest eine Ahnung davon herauf, wie ein gutes Ras el Hanout schmecken sollte.

Für mehrere Rezepte

1 TL schwarze Pfefferkörner
1 TL Gewürznelken
1 TL Anissamen
1 TL Schwarzkümmelsamen
1 TL Pimentbeeren
1 TL Kardamomsamen
2 TL gemahlener Ingwer
2 TL gemahlene Kurkuma
2 TL Koriandersamen
2 Stück Muskatblüte
2 Stück Zimtrinde
2 TL getrocknete Minze
1 getrocknete rote Chili
1 TL getrockneter Lavendel
6 getrocknete Rosenknospen

1 Alle Zutaten außer dem Lavendel und den Rosenblüten im Mörser zu einem grobkörnigen Pulver mahlen.

2 Mit dem Lavendel und den Rosenknospen in ein lichtgeschütztes Glas füllen. Maximal 6 Monate haltbar.

Minztee

Minztee wird in Marokko den ganzen Tag über getrunken, auch am Ende einer Mahlzeit als Digestivum. Man bereitet ihn zusammen mit grünem Tee aus frischen Minzblättern zu. Manchmal werden auch Zitronenverbene, Eisenkraut oder Zitronenmelisseblätter hinzugefügt. Üblicherweise wird der Tee mit großen Zuckerstücken gesüßt und möglich heiß getrunken.

Kanne für 4–6 Personen

2 TL chinesischer Gunpowder-Grüntee
1 TL Zucker, nach Geschmack auch mehr
1 großes Bund frische Minze

1 Den Tee, den Zucker und etwas kochendes Wasser in eine Teekanne geben. 2–3 Minuten ziehen lassen.

2 Möglichst viele Minzblätter hinzufügen und mit kochendem Wasser auffüllen. Weitere 5–10 Minuten ziehen lassen.

3 Die Teegläser mit etwas Tee aufwärmen, dann den Tee zurück in die Kanne gießen.

4 Den Tee unter Heben und Senken der Kanne in die Gläser füllen, sodass sich auf dem Tee eine dünne Schaumschicht bildet.

Fisch und Meeresfrüchte

Die Tajines in diesem Kapitel zelebrieren die große Geschmacksvielfalt der unterschiedlichen Fische und Meeresfrüchte, die in der Meerenge von Gibraltar und im Atlantik so zahlreich zur Verfügung stehen. Fisch wird üblicherweise in der aromatischen Chermoula-Gewürzpaste mariniert, die zu dem delikaten Fischfleisch passt. Garnelen, Muscheln und Jakobsmuscheln bereitet man bei einem üppigen Festessen in einem speziellen Gefäß, der K'dra, zu.

Marokkanische Fisch-Tajine

Dieses scharfe, aromatische Gericht ist der Beweis dafür, wie aufregend Fisch als Zutat sein kann. Servieren Sie es mit Couscous, den Sie in einem Kochsieb auf traditionelle Weise direkt auf der Tajine dämpfen können.

FÜR 8 PERSONEN

1,3 kg feste weiße Fischfilets, etwa Seeteufel oder Kabeljau, gehäutet

6 EL Harissa (s. Rezept S. 11 oder fertig gekauft)

4 EL Olivenöl

1 große Aubergine, in 1 cm große Würfel geschnitten

2 Zucchini, in 1 cm große Würfel geschnitten

4 Zwiebeln, gehackt

400 g gehackte Dosentomaten

400 ml passierte Tomaten

200 ml Fischfond

1 Salzzitrone, gehackt

1 Tasse schwarze Oliven

4 EL frischer Koriander, gehackt, einige Korianderblätter zum Garnieren

schwarzer Pfeffer, frisch gemahlen

Salz

Couscous als Beilage (s. Rezept S. 8)

1 Den Fisch in 5 cm große Stücke schneiden, diese dann in eine große Schale legen. 2 EL Harissa hinzufügen und den Fisch von allen Seiten darin wälzen und zugedeckt mindestens 1 Stunde kühlen.

2 Die Hälfte des Öls in einer feuerfesten Tajine oder einer schweren Pfanne erhitzen. Die Auberginenwürfel zugeben und etwa 10 Minuten anbraten, bis sie goldbraun sind. Die Zucchiniwürfel hinzufügen und weitere 2 Minuten braten. Das Gemüse mit einem Schaumlöffel herausnehmen und zur Seite stellen.

3 Das restliche Öl in die Tajine geben, dann die gehackten Zwiebeln hinzufügen und etwa 10 Minuten bei niedriger Hitze andünsten, bis sie goldbraun sind. Die übrige Harissa dazugeben und weitere 5 Minuten unter gelegentlichem Rühren dünsten.

4 Die Zucchini und die Auberginen zurück in die Tajine geben und umrühren, damit sie sich mit den Zwiebeln mischen. Die gehackten Tomaten, die passierten Tomaten und den Fischfond zugeben und umrühren. Kurz aufkochen, dann bei geringer Hitze etwa 20 Minuten köcheln lassen.

5 Den Fisch, die Salzzitrone und die Oliven zugeben und vorsichtig verrühren, damit der Fisch nicht zerfällt. Den Deckel auf die Tajine setzen und bei niedriger Hitze etwa 15–20 Minuten köcheln, bis der Fisch gar ist.

6 Nach Geschmack mit Salz und Pfeffer würzen, dann den frischen Koriander einrühren. Mit Couscous und mit Korianderblättern garniert sofort servieren.

Tipp

Um diese Fisch-Tajine zu strecken, können Sie auch 225 g gekochte Kichererbsen hinzufügen, die wohlschmeckend, sättigend und nahrhaft sind. Getrocknete Kichererbsen müssen über Nacht eingeweicht und anschließend 1–1½ Stunden gekocht werden, bis sie weich sind. Sie können jedoch auch Dosenware verwenden, die preiswert ist und sich mühelos verarbeiten lässt.

Energie 263 kcal/1099 kJ; Protein 32,3 g; Kohlenhydrate 8,3 g – davon 7 g Zucker; Fett 11,3 g – davon 1,7 g gesättigt; Cholesterin 75 mg; Kalzium 57 mg; Ballaststoffe 3,2 g; Natrium 360 mg

Seeteufel-Tajine mit Kartoffeln

Der Fisch für diese Tajine ist in Chermoula mariniert, was ihm ein typisches Aroma verleiht. Ein herrliches Gericht für jede Jahreszeit, serviert mit viel knusprigem Brot, um die leckere Soße aufzusaugen. Besonders gut schmeckt es mit schmackhaften Frühkartoffeln und sonnengereiften Kirschtomaten.

FÜR 4 PERSONEN

900 g Seeteufelschwanz, in 5 cm große Stücke geschnitten

6 EL Chermoula (s. Rezept S. 10 oder fertig gekauft)

15–20 kleine Frühkartoffeln, gebürstet oder geschält

3–4 EL Olivenöl

4–5 Knoblauchzehen, in dünne Scheiben geschnitten

15–20 Kirschtomaten

2 grüne Paprikaschoten, entkernt, gegrillt, gehäutet und in Streifen geschnitten

1 große Handvoll Kalamata-Oliven oder fleischige schwarze Oliven

100 ml Wasser

schwarzer Pfeffer, frisch gemahlen

Salz

1 Den Fisch in eine Schale legen. Ein wenig Chermoula beiseitestellen, mit dem Rest der Paste die Fischstücke einreiben. Abgedeckt etwa 1 Stunde ziehen lassen.

2 Die Kartoffeln 10 Minuten kochen. Abgießen, unter kaltem Wasser abschrecken und längs halbieren.

3 Das Öl in einer schweren Pfanne erhitzen und darin den Knoblauch bräunen. Die Tomaten hinzufügen und andünsten, bis sie etwas weich sind. Die Paprikaschoten und die verbleibende Chermoula hinzufügen. Mit Salz und Pfeffer abschmecken.

4 Die Kartoffeln auf dem Boden einer feuerfesten Tajine, einem flachen Topf oder einer tiefen, geriffelten Pfanne verteilen. Drei Viertel der Tomaten-Paprika-Mischung darübergeben und den Fisch samt Marinade darauflegen. Den Rest der Tomaten-Paprika-Mischung auf dem Fisch verteilen und die Oliven hinzufügen. Das Gericht mit Öl beträufeln und das Wasser zugießen.

5 Bis zum Siedepunkt erhitzen, dann die Tajine oder den Topf abdecken und bei mittlerer Hitze etwa 15 Minuten dämpfen, bis der Fisch gar ist. Sofort servieren.

Energie 411 kcal/1727 kJ; Protein 41,2 g; Kohlenhydrate 13,7 g – davon 3,9 g Zucker; Fett 21,8 g – davon 2,1 g gesättigt; Cholesterin 60 mg; Kalzium 143 mg; Ballaststoffe 4,3 g; Natrium 821 mg

Gebackene Fisch-Tajine mit Limonen und Tomatensalat

Nordafrikanische Tajines kann man auch einfach im Backofen backen, eventuell mit ein wenig Obst oder Gewürzen verfeinert. Dieses spezielle Rezept ist eine köstliche Art und Weise, Rotbarben zuzubereiten, da das Fleisch sehr saftig bleibt. Sie können den Fisch im flachen Boden einer Tajine oder in einer irdenen Auflaufform backen.

FÜR 4 PERSONEN

2 EL Oliven- oder Arganöl

2 EL Butter

2–3 Knoblauchzehen, in feine Scheiben geschnitten

4 Rotbarben, ausgenommen und gesäubert

2–3 Limonen, in feine Scheiben geschnitten

1–2 TL Sumach

ein paar frische Korianderblätter zum Garnieren

schwarzer Pfeffer, frisch gemahlen

Salz

Für den Salat

4–6 reife Tomaten, halbiert und in feine Scheiben geschnitten

2 grüne Chilis, entkernt und in feine Scheiben geschnitten

1–2 TL Oliven- oder Arganöl

schwarzer Pfeffer, frisch gemahlen

Salz

1 Den Backofen auf 180 °C vorheizen. Das Öl und die Butter in einer feuerfesten Tajine oder einem Bräter erhitzen und den Knoblauch einrühren, bis er zu bräunen beginnt.

2 Vom Herd nehmen, dann die Fische in die Tajine legen. Etwas von dem Öl und dem Knoblauch darüber verteilen, mit Salz und Pfeffer würzen und die Limonenscheiben auf die Fische legen. Die Tajine mit dem Deckel oder mit Alufolie abdecken und 15 Minuten im Backofen backen.

3 Inzwischen für den Salat die Tomatenscheiben in eine flache Schüssel legen. Mit den Chilis bestreuen, mit ein wenig Öl beträufeln und mit Salz und Pfeffer würzen. Zur Seite stellen.

4 Den Deckel von der Tajine nehmen, die Fische mit dem Kochsud bestreichen und den Sumach darüberstreuen. Die Fische nochmals 10 Minuten im Backofen backen, danach mit frischem Koriander garnieren. Den Tomatensalat vermischen und mit den Fischen servieren.

Variation

Statt Rotbarben können Sie auch andere Fische, wie etwa Sardinen, Makrelen, Red Snapper, Dorsch oder Wolfsbarsch verwenden und Sie können die Limonen durch Scheiben von Zitronen oder Bitterorangen ersetzen.

Energie 344 kcal/1440 kJ; Protein 39,1 g; Kohlenhydrate 4,8 g – davon 4,8 g Zucker; Fett 19,8 g – davon 1,8 g gesättigt; Cholesterin 0 mg; Kalzium 175 mg; Ballaststoffe 2 g; Natrium 199 mg

Fisch-Kartoffel-Tajine mit Safran und Salzzitrone

Dieser schlichte Klassiker wird in verschiedenen Variationen überall in Marokko zubereitet – an der Küste, in den Bergen, auf dem Land. Dafür ist sowohl Meeres- als auch Süßwasserfisch, zum Beispiel Karpfen oder Forelle, geeignet. Um ein noch intensiveres Aroma zu erzielen, kann der Safran vorher geröstet werden.

FÜR 4 PERSONEN

500 g Frühkartoffeln
1 Prise Safranfäden
150 ml warmes Wasser
Saft von 2 Zitronen
3 EL Olivenöl
4–6 Knoblauchzehen, geschält
   und zerdrückt
4–6 mittelgroße Tomaten, in feine
   Scheiben geschnitten
1 Salzzitrone, fein gehackt
1 kleines Bund glatte Petersilie,
   fein gehackt
500 g Wolfsbarsch-Filet (oder ein
   anderer Fisch mit festem Fleisch),
   in Stücke geschnitten
schwarzer Pfeffer, frisch gemahlen
Salz
Couscous (s. Rezept S. 8) und
   Blattsalat als Beilage

Tipp

Safran ist auch in Marokko sehr teuer. Daher wird er oft durch den billigeren Saflor ersetzt, der zwar eine ähnliche Farbe, jedoch nicht dasselbe Aroma hat.

1 Die Kartoffeln in einem Topf mit Wasser 6–7 Minuten ankochen, bis sie ein wenig weich sind. Dann abgießen und unter kaltem Wasser abschrecken. Die Kartoffeln schälen und in 1 cm dicke Scheiben schneiden.

2 Die Safranfäden in einer kleinen Pfanne etwa 1 Minute trocken rösten, bis sie ein schwaches Aroma verströmen. In einem Mörser zu Pulver mahlen. Dieses in das warme Wasser rühren, bis der Safran sich auflöst. Den Zitronensaft und 2 EL Öl hinzufügen und wegstellen.

3 Das verbleibende Öl in einer feuerfesten Tajine oder einem Schmortopf erhitzen und den Knoblauch einrühren. 1–2 Minuten andünsten, bis er Farbe bekommt.

4 Die Hitze reduzieren und den Boden der Tajine mit einer Schicht Kartoffeln, gefolgt von einer Schicht Tomaten belegen. Die Hälfte der Salzzitronenstücke und der Petersilie über die Tomaten geben.

5 Den Fisch obenauf legen, mit der Hautseite nach oben, dann die Safranflüssigkeit darübergießen. Mit Salz und Pfeffer abschmecken. Den Rest der Tomaten und der Salzzitronen darauf arrangieren und zuletzt die restliche Petersilie darüberstreuen.

6 Den Deckel auf die Tajine setzen und bei mittlerer Hitze 15–20 Minuten köcheln, bis der Fisch gar ist. Sofort servieren, dazu Couscous und Blattsalat reichen.

Energie 318 kcal/1338 kJ; Protein 28 g; Kohlenhydrate 25,4 g – davon 5,9 g Zucker; Fett 12,3 g – davon 1,9 g gesättigt; Cholesterin 141 mg; Kalzium 205 mg; Ballaststoffe 4,5 g; Natrium 116 mg

Garnelen-Tajine mit Harissa-Couscous

Diese schmackhafte Garnelen-Tajine aus Tanger verströmt die verführerischen Düfte des Orients auf besondere Weise. Sie kann als sättigender Hauptgang oder auch als Snack oder Appetizer serviert werden, indem man statt des Couscous knuspriges Brot zum Aufsaugen der Soße reicht.

FÜR 4 PERSONEN

2 EL Olivenöl

2 Zwiebeln, fein gehackt

2 Knoblauchzehen, fein gehackt

50 g frischer Ingwer, geschält und fein gehackt

20 Riesengarnelen, die Schalen und Köpfe entfernt

1–2 TL Zucker

1 TL geräuchertes Paprikapulver

400 g Dosentomaten, abgegossen

125 ml Weißwein oder Fino Sherry

1 kleines Bund glatte Petersilie, fein gehackt, einige ganze Blätter zum Garnieren

schwarzer Pfeffer, frisch gemahlen

Salz

Für den Couscous

350 g Couscous

½ TL Salz

400 ml warmes Wasser

1–2 EL Ghee oder Olivenöl mit einem Stückchen Butter

2 TL Harissa

1 kleines Bund frischer Koriander, fein gehackt

1 Den Couscous in eine feuerfeste Schüssel geben. Das Salz in das Wasser rühren und über den Couscous gießen. Den Couscous mit einem sauberen Geschirrtuch bedecken und 10–15 Minuten stehen lassen, bis er das Wasser aufgesaugt hat.

2 Inzwischen das Öl in einer feuerfesten Tajine oder einem Schmortopf erhitzen, die Zwiebeln, den Knoblauch und den Ingwer einrühren und 3–4 Minuten andünsten, bis sie Farbe anzunehmen beginnen.

3 Die Garnelen hinzufügen und dünsten, bis sie nicht mehr durchsichtig sind, dann den Zucker, den Paprika, die Tomaten und den Wein hinzufügen. Zum Sieden bringen, dann den Deckel aufsetzen und bei schwacher Hitze 15 Minuten köcheln.

4 Mit einer Gabel durch den Couscous fahren, um die Körner zu trennen. Das Ghee auf dem Boden einer Tajine oder eines großen, flachen Topfes erhitzen und die Harissa-Paste einrühren. Den Couscous dazugeben und so lange rühren, bis sich alles

gut verbunden hat. Mit Salz und Pfeffer würzen und den frischen Koriander untermischen.

5 Die Tajine mit Salz und Pfeffer abschmecken, die Petersilie einrühren und mit den Blättern garnieren. Sofort mit dem Harissa-Couscous servieren.

Variation

Diese Tajine kann ebenso mit Jakobsmuscheln oder mit einer Kombination aus Garnelen und Jakobsmuscheln zubereitet werden. Zum Couscous passt auch eine Würzung aus gehackten Kräutern und Salzzitronen.

Energie 428 kcal/1795 kJ; Protein 28,2 g; Kohlenhydrate 46,7 g – davon 6,6 g Zucker; Fett 13,3 g – davon 1,9 g gesättigt; Cholesterin 263 mg; Kalzium 205 mg; Ballaststoffe 3 g; Natrium 1553 mg

Tajine mit Fisch und Meeresfrüchten

Die charakteristische Mixtur aus Gewürzen und Chilis, die hier benutzt wird, ähnelt der klassischen Chermoula. Zur traditionellen Zubereitung sind Drachenkopf, Rotbarbe oder Schnapper gut geeignet. Aber Sie können auch anderen Fisch wie Meerbrasse, Dorsch oder Seehecht nehmen.

FÜR 4 PERSONEN

4 EL Olivenöl

4 Knoblauchzehen, in Scheiben geschnitten

1–2 grüne Chilis, entkernt und gehackt

1 Handvoll frische glatte Petersilie, grob gehackt

1 TL Koriandersamen

½ TL Piment

6 Kardamomkapseln

½ TL gemahlene Kurkuma

1 EL Zitronensaft

350 g Fischfilet (Drachenkopf, Rotbarbe oder Schnapper), in große Stücke geschnitten

250 g Tintenfisch, gesäubert und in Ringe geschnitten

1 Zwiebel, gehackt

4 Tomaten, entkernt und gehackt

300 ml warmer Fisch- oder Gemüsefond

250 g Riesengarnelen

1 EL frischer Koriander, gehackt

schwarzer Pfeffer, frisch gemahlen

Salz

Zitronenspalten zum Garnieren

Couscous als Beilage (s. Rezept S. 8)

Tipp

Um sicherzugehen, dass die Fischfilets nach dem Filetieren keine kleinen Gräten mehr haben, fahren Sie sanft mit der Hand über die Oberfläche des Fleisches. Eventuell noch vorhandene Gräten ziehen Sie dann mit Hilfe einer Pinzette heraus.

1 Das Öl, den Knoblauch, die Chilis, die Petersilie, die Koriandersamen, den Piment und den Kardamom in einen Mörser geben und zu einer glatten Paste zermahlen. Die Kurkuma und den Zitronensaft einrühren und mit Salz und Pfeffer abschmecken.

2 Die Fischstücke zusammen mit den Tintenfischringen in eine große Schale legen. Die Gewürzpaste hinzufügen und alles miteinander vermischen. Den Fisch abgedeckt mindestens 2 Stunden im Kühlschrank ziehen lassen.

3 Die Zwiebel, die Tomaten und den Fond in eine Tajine oder einen Schmortopf geben und mit dem Deckel oder Alufolie bedecken. Die Tajine in den nicht vorgeheizten Backofen stellen und die Temperatur auf 200 °C einstellen. 20 Minuten backen.

4 Den Fisch aus der Marinade nehmen und gut abtropfen lassen. Den Tintenfisch und die überschüssige Marinade beiseitestellen, dann den Fisch zu dem Gemüse in der Tajine geben. Wieder abdecken und weitere 5 Minuten backen.

5 Die Garnelen, die Tintenfischringe und die verbleibende Marinade zur Tajine geben und sanft mischen, ohne dass der Fisch zerfällt. Die Tajine abdecken und nochmals 5–10 Minuten backen, bis Fisch, Garnelen und Tintenfisch gar sind.

6 Die Soße mit Salz und Pfeffer abschmecken. Mit Zitrone und Koriander garniert sowie mit Couscous als Beilage servieren.

Energie 301 kcal/1261 kJ; Protein 37,2 g; Kohlenhydrate 7,1 g – davon 5,5 g Zucker; Fett 14 g – davon 2,2 g gesättigt; Cholesterin 269 mg; Kalzium 128 mg; Ballaststoffe 2,2 g; Natrium 251 mg

Meeresfrüchte-K'dra mit Zitronen-Couscous

Die Meeresfrüchte-K'dra ist eine Spezialität, die man in den geschäftigen Fischerhäfen in Tanger, Casablanca und Essaouira im Freien genießt. Dieses Gericht wird zu Familienfeiern oder einem religiösen Fest zubereitet.

FÜR 6–7 PERSONEN

Für die K'dra

3 EL Oliven- oder Arganöl

2 TL Koriandersamen

2 TL Fenchelsamen

2–3 TL rote Chilis, entkernt und fein gehackt

1–2 TL Zucker

2 TL gemahlene Kurkuma

2 x 400 g Dosentomaten, abgegossen

300 ml Weißwein

1,2 l Fischfond

4 Knoblauchzehen, in feine Scheiben geschnitten

1 kleines Bund glatte Petersilie, fein gehackt

1 kleines Bund frischer Koriander, fein gehackt

300 g Garnelen, geschält und entdarmt

300 g Miesmuscheln, gründlich gesäubert und aussortiert (entsorgen Sie alle, die sich nicht schließen, wenn Sie mit einem Löffel darauf klopfen)

450 g Jakobsmuscheln, entschalt und gesäubert

schwarzer Pfeffer, frisch gemahlen

Salz

Für den Couscous

800 g Couscous

900 ml warmes Wasser

½ TL Salz

2 EL Sonnenblumenöl

1 Salzzitrone, fein gehackt

1 kleines Bund frische glatte Petersilie, fein gehackt

1 kleines Bund frische Minze, fein gehackt

schwarzer Pfeffer, frisch gemahlen

2 EL Butter

1 Den Backofen auf 180 °C vorheizen. Den Couscous in eine feuerfeste Schüssel geben. Wasser und Salz mischen, dann über den Couscous gießen. Zugedeckt 10–15 Minuten quellen lassen.

2 Inzwischen für die K'dra Öl in einem großen Kupferkessel oder einer schweren Pfanne erhitzen. Den Koriander, die Fenchelsamen, die Chilis und den Zucker hinzufügen und 2 Minuten rühren, bis es duftet. Die Kurkuma einrühren, dann die Tomaten mit dem Wein und dem Fischfond hinzufügen. Den Knoblauch und den Großteil der Kräuter dazugeben (den Rest der Kräuter für die Garnitur aufheben) und zum Kochen bringen. Die Hitze reduzieren und 15 Minuten köcheln lassen.

3 Inzwischen mit den Fingern das Sonnenblumenöl in den Couscous reiben, um die Körner zu trennen, dann die Salzzitrone einrühren. Die Kräuter zugeben und mit ein wenig schwarzem Pfeffer abschmecken.

4 Die Butter in Stücke schneiden und über dem Couscous verteilen, dann mit einem angefeuchteten Stück Backpapier abdecken. Den Couscous im Backofen 15–20 Minuten backen.

5 Den Sud der K'dra mit Salz und Pfeffer abschmecken und wieder zum Kochen bringen. Die Meeresfrüchte einrühren und bei mittlerer Hitze etwa 10 Minuten kochen. Muscheln, die sich nicht geöffnet haben, aussortieren.

6 Den Couscous auf einen flachen Servierteller häufen. Die Spitze der Kuppe aushöhlen und den Großteil der Meeresfrüchte hineingeben und um den Rand des Hügels herum drapieren. Die Meeresfrüchte mit dem Sud beträufeln, den Rest in eine Schüssel geben und darin servieren. Mit Petersilie und Koriander garnieren.

Tipp

Eine K'dra ist ein großer Kupferkessel, mit dem eine größere Anzahl von Personen verköstigt werden kann. Zur Zubereitung kleinerer Mengen halbieren Sie die Mengenangaben und bereiten das Rezept in einer Tajine zu.

Energie 447 kcal/1870 kJ; Protein 30,9 g; Kohlenhydrate 56,2 g – davon 2 g Zucker; Fett 12,8 g – davon 3 g gesättigt; Cholesterin 122 mg; Kalzium 129 mg; Ballaststoffe 0,8 g; Natrium 308 mg

Geflügel

Hühnerfleisch ist eine beliebte Zutat für Tajines und sowohl Brust als auch Schenkel eignen sich gut für diese Kochmethode. Auch Ente wird sowohl in traditionellen wie in modernen Tajines gern verwendet, weil ihr saftiges Fleisch und ihr kräftiges Aroma gut zu den Gewürzen und Würzmischungen der nordafrikanischen Küche passen. Ob Sie nun Hühnerbrust, Entenkeule, kleine Stubenküken oder sogar ein ganzes Huhn kochen wollen – Sie finden hier jede Menge Inspirationen.

Hähnchen-Tajine mit grünen Oliven und Salzzitronen

Dieses Gericht wird vor allem in Marrakesch zubereitet und enthält zwei der beliebtesten Zutaten: soge-nannte geknackte grüne Oliven und Salzzitronen. Probieren Sie dieses Rezept, wenn Sie nach einer neuen Art der Zubereitung eines ganzen Hähnchens suchen, statt es wie üblich zu grillen. Dazu passen Couscous und grüner Blattsalat.

FÜR 4 PERSONEN

1,3 kg Hähnchen
3 Knoblauchzehen, zerdrückt
1 kleines Bund frischer Koriander, fein gehackt
Saft von ½ Zitrone
1 TL grobes Salz
3–4 EL Olivenöl
1 große Zwiebel, gerieben
1 Prise Safranfäden
1 TL gemahlener Ingwer
1 TL schwarzer Pfeffer, frisch gemahlen
1 Zimtstange
200 g geknackte grüne Oliven
2 Salzzitronen, in Streifen geschnitten
Couscous (s. Rezept S. 8) und grüner Blattsalat als Beilage

1 Das Hähnchen in eine tiefe Schüssel legen und innen mit dem Knoblauch, dem Koriander, dem Zitronensaft und dem Salz einreiben. Das Öl mit der geriebenen Zwiebel, dem Safran, dem Ingwer und dem Pfeffer mischen und das Hähnchen damit außen einreiben. Zudecken und etwa 30 Minuten stehen lassen.

2 Das Hähnchen in eine feuerfeste Tajine oder einen Schmortopf geben und mit der Marinade begießen. Wasser angießen, bis das Huhn zur Hälfte bedeckt ist, dann die Zimtstange hinzufügen und das Wasser zum Kochen bringen. Die Hitze reduzieren und bei geschlossenem Deckel 1 Stunde leicht köcheln, dabei das Hähnchen immer wieder wenden.

3 Den Backofen auf 150 °C vorheizen. Das Hähnchen mit zwei Schaumlöffeln vorsichtig aus der Tajine oder dem Schmortopf auf einen Teller heben, mit Folie bedecken und zur Seite stellen.

4 Die Hitze erhöhen und die entstandene Flüssigkeit 5 Minuten einkochen. Das Hähnchen zurück in die Flüssigkeit legen und gründlich begießen.

5 Die Oliven und die Salzzitronenstreifen hinzufügen, dann die Tajine oder den Schmortopf 15 Minuten lang in den Backofen stellen, bis das Hähnchen durchgegart ist. Mit den Oliven und der Zitrone auf ein Couscous-Bett legen und sofort servieren.

Energie 597 kcal/2471 kJ; Protein 41,8 g; Kohlenhydrate 5,3 g – davon 3,8 g Zucker; Fett 45,4 g – davon 10,5 g gesättigt; Cholesterin 215 mg; Kalzium 80 mg; Ballaststoffe 3,7 g; Natrium 1137 mg

Hähnchen-Tajine mit Aprikosen

Fruchtig und pikant, mit dem herrlichen Aroma von Rosmarin und gesüßtem Ingwer, wird diese Tajine am besten mit Brot serviert, um die köstliche, sirupartige Soße aufzusaugen. Mit einem frischen Blatt- oder einem knackigen Rohkostsalat als Beilage kann sie Ihnen als perfekte Einführung in die Düfte und Geschmäcker Nordafrikas dienen.

FÜR 4 PERSONEN

1–2 EL Ghee oder Arganöl
1 Zwiebel, fein gehackt
1 EL Rosmarin, fein gehackt
1–2 EL eingelegter Stem-Ingwer, fein gehackt
1–2 TL Harissa (s. Rezept S. 11, oder fertig gekauft)
8 enthäutete Hähnchenschenkel
200 g verzehrfertige getrocknete Aprikosen
2 kleine Zweige Rosmarin
Saft von 1 Zitrone
1 unbehandelte Zitrone, in Viertel geschnitten
2 EL klarer Honig
schwarzer Pfeffer, frisch gemahlen
Salz
1 kleines Bund frische Basilikum-blätter zum Garnieren
knuspriges Brot und ein grüner Blattsalat als Beilage

1 Das Ghee im Boden einer feuerfesten Tajine oder in einem Schmortopf erhitzen und die Zwiebel hinzufügen. Unter Rühren 1–2 Minuten andünsten, bis sie weich ist. Den gehackten Rosmarin und den Ingwer zugeben und 1–2 Minuten dünsten, bis es duftet, dann die Harissa einrühren.

2 Die Hähnchenschenkel einlegen und mit der Zwiebelmixtur ummanteln, dann die Aprikosen und die Rosmarinzweige zugeben. So viel Wasser angießen, dass der Boden der Tajine gefüllt und die Hähnchen-schenkel zur Hälfte bedeckt sind. Den Zitronensaft dazugeben und die Zitronenviertel hineinlegen. Den Honig über die Tajine träufeln, den Deckel aufsetzen und bei niedriger Hitze etwa 45 Minuten köcheln. Falls nötig Wasser hinzufügen.

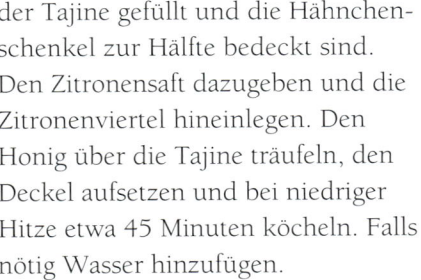

3 Das Gericht mit Salz und Pfeffer würzen und mit dem frischen Basilikum garnieren. Mit knusprigem Brot und Blattsalat servieren.

Variation

- Als Alternative zu Hähnchen-schenkeln können Sie auch Taube, Truthahn, Fasan oder Ente verwenden, oder die Tajine mit Couscous statt Brot servieren.
- Bei festlichen Gelegenheiten können Sie das Wasser in Schritt 2 durch Weißwein oder eine Mischung aus beidem ersetzen.

Energie 377 kcal/1582 kJ; Protein 44 g; Kohlenhydrate 20,9 g – davon 19,6 g Zucker; Fett 13,6 g – davon 5,2 g gesättigt; Cholesterin 210 mg; Kalzium 68 mg; Ballaststoffe 4,3 g; Natrium 188 mg

Hähnchen-Tajine mit Zucchini, Zitrone und Minze

Dies ist eine der herrlichen, leichten Sommer-Tajines, wie sie in den ländlichen Regionen oder auch in den Bergregionen mit ihren saftigen Weiden zubereitet werden. Die genaue Zusammensetzung der Zutaten variiert je nach Ernte der Region, aber die Tajine sollte jedenfalls immer würzig und mit Kräutern verfeinert sein.

FÜR 4–6 PERSONEN

2 EL Oliven- oder Arganöl
1 Zwiebel, fein gehackt
2–3 Knoblauchzehen, fein gehackt
2 rote Chilis, entkernt und fein gehackt
2 TL Koriandersamen
1 TL Kreuzkümmelsamen
1 TL getrocknete Minze
4 Hühnerbrüstchen, in mundgerechte Stücke geschnitten
Saft von 1 Zitrone
1 unbehandelte Zitrone, in 4–6 Spalten geschnitten
2 Zucchini, in dicke, schräge Scheiben geschnitten
4 Tomaten, geschält, entkernt und in Stücke geschnitten
1 kleines Bund frische glatte Petersilie, grob gehackt
1 kleines Bund frische Minze, grob gehackt
schwarzer Pfeffer, frisch gemahlen
Salz
Couscous als Beilage (s. Rezept S. 8)

1 Das Öl in einer feuerfesten Tajine oder einem Schmortopf erhitzen und die Zwiebel, den Knoblauch, die Chilis, den Koriander und den Kreuzkümmelsamen einrühren. 2–3 Minuten dünsten. Die getrocknete Minze und das Fleisch hinzufügen und so lange rühren, bis es ganz mit der Zwiebel und den Gewürzen ummantelt ist.

2 Den Zitronensaft und die Zitronenspalten hinzufügen und so viel Wasser angießen, dass der Boden der Tajine bedeckt ist. Das Wasser zum Kochen bringen, dann den Deckel aufsetzen, die Hitze reduzieren und das Fleisch 35 Minuten sanft köcheln.

3 Den Kochsud mit Salz und Pfeffer abschmecken und das Gemüse hinzufügen. Den Großteil der gehackten Kräuter darüberstreuen, ein wenig für die Garnitur aufheben. Wasser nachfüllen, falls nötig. Den Deckel wieder aufsetzen und 10–15 Minuten sanft köcheln, bis die Zucchini bissfest gar sind.

4 Mit den restlichen Kräutern garnieren und mit Couscous servieren.

Variation

Auch grüne oder Ackerbohnen und Auberginen sind für diese Sommer-Tajine gut geeignet. Versuchen Sie es auch einmal mit Lamm, wobei Sie aber die Kochzeit verlängern sollten.

Energie 154 kcal/645 kJ; Protein 22,6 g; Kohlenhydrate 5 g – davon 4,4 g Zucker; Fett 6,1 g – davon 0,9 g gesättigt; Cholesterin 58 mg; Kalzium 78 mg; Ballaststoffe 2,5 g; Natrium 62 mg

Hähnchen-K'dra mit Steckrüben und Ras el Hanout

Dieses rustikale Gericht, das in einem traditionellen Kupferkessel gekocht wird, dient normalerweise zur Verköstigung großer Familien oder Festgesellschaften. Von Meknes bis Marrakesch hat jedes Dorf seine eigene Variation von dieser K'dra, aber das hier aufgeführte Rezept ist der Klassiker.

FÜR 6–8 PERSONEN

2–3 EL Smen oder Ghee
4 Zwiebeln, fein gehackt
4 Knoblauchzehen, fein gehackt
2 TL Kuminsamen
16 enthäutete Hähnchenschenkel
2–3 TL Ras el Hanout (s. Rezept S. 11, oder fertig gekauft)
2 TL Zucker
2 x 400 g gehackte Dosentomaten
1,2 l Geflügelfond
500 g Steckrübenfleisch, in mundgerechte Stücke geschnitten
1 Bund frischer Koriander, grob gehackt
1 Bund frische glatte Petersilie, grob gehackt
1 EL Butter
schwarzer Pfeffer, frisch gemahlen
Salz
Couscous als Beilage (s. Rezept S. 8)

1 Das Smen oder das Ghee in einem großen Kupferkessel oder einem schweren Topf erhitzen. Die Zwiebeln, den Knoblauch und die Kuminsamen einrühren und 2–3 Minuten dünsten. Die Hähnchenschenkel hinzufügen, in der Zwiebelmischung wenden, um sie zu ummanteln, dann anbraten, bis sie leicht gebräunt sind.

2 Das Ras el Hanout hinzufügen, gefolgt von dem Zucker und den Tomaten, dann mit dem Fond übergießen. Die Flüssigkeit zum Kochen bringen, dann die Hitze reduzieren, den Deckel aufsetzen und 45 Minuten sanft köcheln.

3 Die Steckrüben hinzufügen und die Flüssigkeit bei Bedarf mit ein wenig Wasser strecken. 15 Minuten köcheln, bis die Rüben weich sind.

4 Die K'dra mit Salz und Pfeffer abschmecken und die Hälfte der frischen Kräuter zugeben. Die Butter in einem kleinen Topf schmelzen und auf die K'dra träufeln. Mit dem Rest des frischen Korianders und der

Petersilie garnieren und mit Couscous oder knusprigem Brot zum Aufsaugen der Soße servieren.

Variation

Für eine spanisch beeinflusste Version dieser K'dra können Sie das Huhn auch mit in dicke Scheiben geschnittener, scharfer Merguez- oder Chorizo-Wurst kombinieren. Auch Garnelen passen gut zum Huhn und die Steckrüben lassen sich auch durch Kürbis ersetzen.

Energie 322 kcal/1348 kJ; Protein 43,7 g; Kohlenhydrate 12,2 g – davon 9,8 g Zucker; Fett 11,3 g – davon 4,4 g gesättigt; Cholesterin 214 mg; Kalzium 73 mg; Ballaststoffe 3,9 g; Natrium 205 mg

Hähnchen-K'dra mit Kichererbsen

Eine K'dra wird traditionell mit Smen, einem stark gewürzten Butterschmalz, und mit vielen Zwiebeln zubereitet. Die Mandeln in diesem Rezept werden vorgedünstet, bis sie weich sind, sodass sie dem Hähnchen eine interessante Textur und ein zartes Aroma verleihen.

FÜR 4 PERSONEN

75 g blanchierte Mandeln

75 g Kichererbsen, über Nacht
  eingeweicht und abgegossen

4 Hühnerbrüste, ohne Knochen
  und Haut

50 g Butter

½ TL Safranfäden

2 Gemüsezwiebeln, in dünne
  Scheiben geschnitten

900 ml Geflügelfond

1 kleine Zimtstange

4 EL frische glatte Petersilie, gehackt,
  einige Blätter zum Garnieren

Zitronensaft nach Geschmack

schwarzer Pfeffer, frisch gemahlen

Salz

1 Die Mandeln in einen Topf mit Wasser geben und 1½ Stunden köcheln, bis sie ziemlich weich sind, dann abgießen und beiseitestellen.

2 Inzwischen die Kichererbsen in einem Topf mit kochendem Wasser 1–1½ Stunden kochen, bis sie ganz weich sind. Abgießen, dann in eine Schüssel mit kaltem Wasser geben und mit den Fingern reiben, um die Häute zu entfernen. Die Haut wegwerfen und die Kichererbsen abgießen.

3 Die Hähnchenbrüste zusammen mit der Butter und der Hälfte des Safrans in eine feuerfeste Tajine oder einen schweren Topf geben und mit Salz und Pfeffer kräftig würzen. Unter Rühren sanft erhitzen, bis die Butter geschmolzen ist.

4 Die Zwiebeln und den Fond hinzufügen und zum Kochen bringen, dann die Kichererbsen und die Zimtstange dazugeben. Zudecken und 45–60 Minuten sehr sanft köcheln.

5 Das Fleisch auf eine Servierplatte legen und warm halten. Die Soße zum Kochen bringen und unter häufigem Rühren bei geringer Hitze einkochen.

6 Die Mandeln, die Petersilie und den verbleibenden Safran hinzufügen und 2–3 Minuten kochen.

7 Die Soße mit ein wenig Zitronensaft abschmecken, dann über das Fleisch gießen. Mit Petersilie garnieren und servieren.

Energie 477 kcal/1994 kJ; Protein 46 g; Kohlenhydrate 21 g – davon 8,7 g Zucker; Fett 23,9 g – davon 7,9 g gesättigt; Cholesterin 132 mg; Kalzium 146 mg; Ballaststoffe 5,9 g; Natrium 185 mg

Stubenküken-Tajine mit Datteln

Datteln und Mandeln sind wahrscheinlich das älteste kulinarische Zutatenpaar in der arabischen Küche, das gut in süße Gerichte oder zu Lamm und Geflügel passt. Bei diesem Rezept kann das Fleisch sowohl auf dem Herd als auch im Backofen gegart werden. Statt der Stubenküken können Sie auch Wachtel, Rebhuhn, Fasan oder Taube verwenden. Mit einem Salat und Couscous als Beilage eignet sich dieses herrliche Gericht auch für ein festliches Abendessen.

FÜR 4 PERSONEN

25 g frische Ingwerwurzel, geschält und grob gehackt
2 Knoblauchzehen
4 EL Olivenöl
Saft von 1 Zitrone
2–3 EL klarer Honig
4 kleine Stubenküken
350 g getrocknete Datteln, entsteint
1–2 TL gemahlener Zimt
1 EL Orangenblütenwasser
1 walnussgroßes Stück Butter
3 EL Mandelflocken
schwarzer Pfeffer, frisch gemahlen
Salz
frischer Koriander zum Garnieren

1 Den Ingwer mit dem Knoblauch im Mörser zu einer Paste verarbeiten. Mit dem Öl, dem Zitronensaft und dem Honig mischen und mit Salz und Pfeffer abschmecken.

2 Die Stubenküken in eine feuerfeste Tajine oder einen Schmortopf geben und rundum mit der Paste einreiben. Wasser zugeben, bis der Boden der Tajine bedeckt ist, und zum Kochen bringen. Die Hitze reduzieren, den Deckel aufsetzen und die Küken etwa 30 Minuten unter gelegentlichem Wenden schmoren, bis sie gar sind. Während des Kochens bei Bedarf Wasser nachgießen.

3 Die Stubenküken aus der Tajine heben, auf einen Teller legen, mit Alufolie bedecken und warmhalten. Die Datteln in die Flüssigkeit in der Tajine geben und den Zimt und das Orangenblütenwasser einrühren. 10 Minuten sanft köcheln, bis die Datteln weich sind.

4 Die Küken wieder in die Tajine legen und den Deckel aufsetzen, um sie warmzuhalten. Die Butter in einem separaten Topf schmelzen, die Mandeln hinzufügen und andünsten, bis sie leicht gebräunt sind. Die Mandeln und die Korianderblätter über die Küken streuen und sofort servieren.

Energie 670 kcal/2810 kJ; Protein 27,3 g; Kohlenhydrate 68,9 g – davon 67,6 g Zucker; Fett 33,7 g – davon 7,7 g gesättigt; Cholesterin 121 mg; Kalzium 68 mg; Ballaststoffe 4,4 g; Natrium 106 mg

Enten-Tajine mit Kastanien und Granatapfelkernen

Dies ist ein herrlich aromatisches Wintergericht, das mit rubinroten Granatapfelkernen dekoriert wird – ideal für festliche Anlässe in der Winterzeit. In Gerichten der arabischen Küchentradition werden anstelle von Kartoffeln manchmal ganze Kastanien verwendet, da sie ziemlich sättigend und in den kälteren Monaten reichlich vorhanden sind.

FÜR 4 PERSONEN

2 EL Ghee
2 Zwiebeln, fein gehackt
4 Knoblauchzehen, fein gehackt
25 g frischer Ingwer, fein gehackt
2 TL Kreuzkümmelsamen
2–3 getrocknete rote Chilis
4 Entenschlegel
600 ml Geflügelfond
300 g geschälte Kastanien
2 EL Honig
Kerne von 1 Granatapfel
1 kleines Bund frische Minze, fein
    gehackt
1 kleines Bund frischer Koriander,
    fein gehackt
schwarzer Pfeffer, frisch gemahlen
Salz
Couscous als Beilage (s. Rezept S. 8)

1 Das Ghee in einer feuerfesten Tajine oder in einem flachen, schweren Topf erhitzen und die Zwiebeln, den Knoblauch, den Ingwer und die Kreuzkümmelsamen einrühren. 2–3 Minuten dünsten, bis sie Farbe bekommen.

2 Die getrockneten Chilis und die Entenschlegel hineingeben. Den Geflügelfond angießen und zum Kochen bringen. Die Hitze reduzieren, den Deckel aufsetzen und 25–30 Minuten sanft köcheln.

3 Die Kastanien und den Honig hinzufügen, den Deckel wieder aufsetzen und weitere 25–30 Minuten sanft köcheln, bis die Ente ganz zart ist.

4 Mit Salz und viel schwarzem Pfeffer abschmecken und den Großteil der Granatapfelkerne, der frischen Minze und des frischen Korianders hinzufügen, aber ein wenig für die Garnitur beiseitestellen. Weitere 5–10 Minuten köcheln.

5 Mit den übrigen Granatapfelkernen und den Kräutern garnieren und die Tajine mit Couscous servieren.

Tipp
Sie können sowohl vakuumverpackte geschälte Kastanien als auch geschälte Tiefkühl-Kastanien verwenden. Frisch geröstete Kastanien sind besonders lecker. Wenn Sie keine Kastanien bekommen, ersetzen Sie sie einfach durch kleine Kartoffeln ohne Schale.

Energie 614 kcal/2575 kJ; Protein 53,1 g; Kohlenhydrate 44,9 g – davon 19,9 g Zucker; Fett 26,6 g – davon 9,1 g gesättigt; Cholesterin 275 mg; Kalzium 136 mg; Ballaststoffe 7,7 g; Natrium 295 mg

Enten-Tajine mit karamellisierten Birnen und Orangensalat

Tajines mit Enten- und Taubenfleisch sind in den Städten Fes und Marrakesch beliebt und sehr oft werden sie im Stil mittelalterlicher arabischer Rezepte mit Früchten kombiniert. Dieses Gericht ist für festliche Gelegenheiten gut geeignet und man serviert es am besten mit viel schlichtem, buttrigem Couscous und einem fruchtigen Salat.

FÜR 4 PERSONEN

500 g Entenbrust

2 EL Oliven- oder Arganöl

2 Zwiebeln, fein gehackt

25 g frischer Ingwer, geschält und fein gehackt

2–3 Zimtstangen

1 Prise Safranfäden, in 2 EL Wasser eingeweicht

300 ml Geflügelfond

150 ml Weißwein

2 EL Butter

2 Birnen, geschält, geviertelt und entkernt

2 EL Honig

2–3 EL Orangenblütenwasser

1 kleines Bund frische glatte Petersilie, fein gehackt

schwarzer Pfeffer, frisch gemahlen

Couscous als Beilage (s. Rezept S. 8)

Für den Orangensalat

2–3 Orangen

1–2 EL Orangenblütenwasser

1 grüne Chili, in feine Scheiben geschnitten

Variation

Obwohl das Gericht besonders festlich ist, wenn es mit Ente zubereitet wird, können Sie es leicht variieren, indem Sie stattdessen Hähnchen-, Truthahn- oder Taubenbrust verwenden. Ebenso können Sie die Birnen durch Quitten ersetzen und einen spritzig-fruchtigen Grapefruit-Salat dazu servieren.

1 Die Entenbrust in dicke Streifen schneiden. Das Öl in einer feuerfesten Tajine oder in einem Schmortopf erhitzen und die Zwiebeln und den Ingwer einrühren. 2–3 Minuten anbraten, bis sie Farbe bekommen. Die Zimtstangen und das Entenfleisch hinzufügen und gut wenden.

2 Den Safran samt dem Einweichwasser, dem Geflügelfond und dem Wein hinzufügen. Die Flüssigkeit zum Kochen bringen, dann die Hitze reduzieren, den Deckel aufsetzen und das Fleisch 25–30 Minuten auf niedriger Hitze köcheln.

3 Inzwischen in einer schweren Pfanne die Butter schmelzen, die Birnen hinzufügen und 2–3 Minuten dünsten. Den Honig hinzufügen und weiterdünsten, bis die Birnen zu karamellisieren beginnen.

4 Die karamellisierten Birnen zusammen mit dem Orangenblütenwasser in die Tajine geben. Abschmecken, dann den Deckel wieder aufsetzen und 10–15 Minuten sanft köcheln.

5 Für den Salat die Orangen mit einem kleinen, scharfen Messer schälen und die weiße Haut entfernen. Die Orangen in dünne Scheiben schneiden, entkernen und auf einem flachen Servierteller arrangieren. Das Orangenblütenwasser darüberträufeln und die in Scheiben geschnittene Chili darüberstreuen.

6 Vor dem Servieren den Salat mischen. Die Tajine mit der Petersilie garnieren und mit Couscous servieren, dazu den Orangensalat reichen.

Energie 404 kcal/1691 kJ; Protein 26,6 g; Kohlenhydrate 24,8 g – davon 24,3 g Zucker; Fett 20,2 g – davon 7,2 g gesättigt; Cholesterin 154 mg; Kalzium 89 mg; Ballaststoffe 5 g; Natrium 317 mg

Fleisch

Meist denkt man bei einer Tajine an Lammfleisch, das in erdigen Gewürzen langsam geschmort wird und dabei schön zart bleibt. Das folgende Kapitel präsentiert nicht nur einige von Nordafrikas feinsten Lamm-Tajines, sondern noch weitere verheißungsvolle Rezepte, bei denen andere Fleischsorten im Mittelpunkt stehen. Rindfleisch wird gerne bei besonderen Anlässen verwendet und scharfe Würstchen setzen eine würzige Pointe. Ob es sich nun um eine ganze Lammkeule handelt, die stundenlang vor sich hin schmoren muss, oder um im Handumdrehen gegarte Kefta – hier finden sich Rezepte für jede Gelegenheit.

Bohnen-Eintopf mit scharfer Wurst

Bohneneintöpfe mit scharfer Hartwurst sind im Mittleren Osten und in Nordafrika sehr beliebt. Für dieses Rezept werden Schwarzaugenbohnen verwendet, aber Sie können auch alle anderen Arten von Bohnen und ebenso Kichererbsen nehmen. Servieren Sie einen Salat aus scharfen grünen Peperoni und Petersilie als Beilage oder auch eingelegtes Gemüse.

FÜR 4–6 PERSONEN

175 g getrocknete Bohnen, über Nacht in kaltes Wasser eingeweicht

2 EL Ghee oder je 1 EL Olivenöl und Butter

1 große Zwiebel, längs halbiert und mit der Maserung in Scheiben geschnitten

2–3 Knoblauchzehen, grob gehackt und mit der Messerschneide zerdrückt

1 TL Kreuzkümmelsamen

1–2 TL Koriandersamen

1 EL Fenchelsamen

1–2 TL Zucker oder klarer Honig

1 scharfe Hartwurst, etwa 25 cm lang, in Scheiben geschnitten

150 ml Weißwein

400 g geschälte Dosentomaten

1 Bund frische glatte Petersilie, grob gehackt

schwarzer Pfeffer, frisch gemahlen

Salz

Salat als Beilage

1 Die eingeweichten Bohnen abgießen, in einen Topf geben und den Topf mit reichlich kaltem Wasser füllen. Zum Kochen bringen, nach 1 Minute die Hitze reduzieren und den Topf teilweise mit einem Deckel abdecken. Die Bohnen etwa 25 Minuten leicht köcheln, bis sie weich sind, aber noch einen leichten Biss haben.

2 Die Bohnen abgießen, dann unter kaltem, fließendem Wasser gut abspülen und die lose Haut entfernen.

3 Den Backofen auf 180° vorheizen. Das Ghee in einer feuerfesten Tajine oder einem Schmortopf schmelzen. Die Zwiebel, den Knoblauch und die Gewürze einrühren und dünsten, bis die Zwiebel Farbe annimmt.

4 Den Zucker oder den Honig einrühren, die scharfe Wurst zugeben und anbraten, bis sie zu bräunen beginnt.

5 Die Bohnen dazugeben, dann den Wein angießen und umrühren. Zum Kochen bringen, damit der Alkohol verdampft, dann die Hitze reduzieren und die Tomaten hinzufügen. Die Hälfte der Petersilie einrühren und mit Salz und Pfeffer abschmecken.

6 Den Deckel aufsetzen und etwa 40 Minuten im Backofen backen. Vor dem Servieren nochmals abschmecken und mit der verbleibenden Petersilie bestreuen. Mit dem Salat als Beilage servieren.

Tipp

Bei dieser Tajine mit einem klaren nahöstlichen Touch können Sie für die charakteristische Würze eine scharfe Wurst aus der Türkei, Griechenland oder auch Italien verwenden. Eine sehr gute Wahl ist die türkische Sucuk – sie ist hufeisenförmig und mit Kumin gewürzt.

Energie 382 kcal/1594 kJ; Protein 18 g; Kohlenhydrate 20 g – davon 6,7 g Zucker; Fett 24,4 g – davon 10 g gesättigt; Cholesterin 52 mg; Kalzium 55 mg; Ballaststoffe 6 g; Natrium 944 mg

Tajine mit gewürzten Kefta

Dieses überraschend leichte Gericht besteht aus Kefta (Fleischbällchen), die mit Zitrone und Gewürzen zubereitet werden. Mit Salat und knusprigem Brot als Beilage ist es ein köstliches Mittagessen. Dieses Gericht findet man selbst in den kleinsten Dörfern auf dem Lande, aber auch an Straßenständen in größeren Ortschaften und sogar in den feinsten Restaurants von Casablanca, Fes und Marrakesch.

FÜR 4 PERSONEN

450 g Lammhackfleisch
3 große Zwiebeln, gerieben
1 kleines Bund frische glatte
  Petersilie, gehackt
1–2 TL gemahlener Zimt
1 TL gemahlener Kreuzkümmel
1 Prise Cayennepfeffer
3 EL Butter
25 g frische Ingwerwurzel, geschält
  und fein gehackt
1 scharfe Chili, entkernt und fein gehackt
1 Prise Safranfäden
Saft von 1 Zitrone
1 kleines Bund frischer Koriander,
  fein gehackt
300 ml Wasser
1 unbehandelte Zitrone, geviertelt
schwarzer Pfeffer, frisch gemahlen
Salz
Salat und knuspriges Brot als Beilage

1 Das Fleisch in einer Schüssel mit der Hälfte der geriebenen Zwiebeln, der Petersilie, dem Zimt, dem Kreuzkümmel und dem Cayennepfeffer verkneten. Mit Salz und Pfeffer abschmecken und das Fleisch noch ein paar Minuten kneten, bis sich alles gut vermischt hat.

2 Das Fleisch zu walnussgroßen Bällchen (Kefta) formen.

3 In einer feuerfesten Tajine oder einer schweren Bratpfanne mit Deckel die Butter schmelzen und die verbleibende Zwiebel mit dem Ingwer, der Chili und dem Safran zugeben. Unter häufigem Umrühren andünsten, bis die Zwiebel Farbe bekommt, dann den Zitronensaft

und einen Großteil des Korianders unterrühren.

4 Wasser zugießen, salzen und zum Kochen bringen.

5 Die Kefta hineingeben, die Hitze reduzieren und den Topf abdecken. Die Kefta etwa 20 Minuten unter gelegentlichem Wenden sanft garen.

6 Den Deckel abnehmen, die Zitronenviertel zu den Kefta geben und ohne Deckel weitere 10 Minuten köcheln, um die Flüssigkeit etwas zu reduzieren.

7 Die Kefta mit dem Rest des gehackten Korianders bestreuen. Mit einem Blattsalat und viel knusprigem frischem Brot noch heiß servieren.

Energie 362 kcal/1503 kJ; Protein 24,5 g; Kohlenhydrate 12,9 g – davon 9,3 g Zucker; Fett 24 g – davon 12,2 g gesättigt; Cholesterin 108 mg; Kalzium 134 mg; Ballaststoffe 4 g; Natrium 155 mg

Lamm-Tajine mit Chermoula und Feigen

Dieses traditionelle Berbergericht wird besonders gern bei religiösen Festen und Familienfeiern zubereitet. Man kann das Rezept für ein ganzes Lamm oder eine Ziege anpassen, die über dem Lagerfeuer gegrillt werden, oder auch nur für eine Keule oder Schulter, die in eine Tajine oder einen Bräter passt. Das Fleisch wird besonders langsam gegart, damit es schön zart bleibt.

FÜR 4–8 PERSONEN

Etwa 1,5 kg Lammkeule oder -schulter mit Knochen

6 EL Chermoula (s. Rezept S. 10, oder fertig gekauft)

2 EL Ghee

2 rote Zwiebeln, längs halbiert und mit der Maserung in Scheiben geschnitten

6 frische Feigen, halbiert oder geviertelt

25 g Butter, in kleine Stücke geschnitten

2–3 EL Orangenblütenwasser

2 EL klarer Honig

1 kleines Bund frische glatte Petersilie, grob gehackt

1 kleines Bund frischer Koriander, grob gehackt

schwarzer Pfeffer, frisch gemahlen

Salz

1 Den Backofen auf 180 °C vorheizen. Mit einem kleinen scharfen Messer das Fleisch mehrfach leicht einschneiden und sorgfältig mit der Chermoula einreiben, sodass sie gut in die Einschnitte dringt. Abdecken und im Kühlschrank mindestens 6 Stunden oder über Nacht marinieren.

2 Das Ghee in einer feuerfesten Tajine oder einem Schmortopf erhitzen und die Zwiebeln hinzufügen. 2–3 Minuten unter Rühren andünsten, bis sie weich werden.

3 Das Fleisch zu den Zwiebeln geben und auf allen Seiten leicht anbräunen.

4 300 ml Wasser zugießen und gut mit den Zwiebeln und der Chermoula vermischen. Die Tajine zudecken und etwa 2 Stunden im Backofen schmoren, von Zeit zu Zeit bestreichen.

5 Die Tajine aus dem Backofen nehmen, die Feigen um das Lamm drapieren und die Butter darauf verteilen. Das Orangenblütenwasser über das Lamm träufeln und den Honig auf das Fleisch und die Feigen geben. Das Lamm mit Salz und Pfeffer würzen und unbedeckt weitere 30 Minuten im Backofen schmoren, bis das Fleisch schön braun und zart ist.

6 Das Lamm vor dem Servieren etwa 10–15 Minuten ruhen lassen, dann mit der Petersilie und dem Koriander bestreuen. Mit einem Salat, Couscous oder Kartoffeln und gedämpftem Gemüse servieren.

Variation
Sollten Sie keine frischen Feigen bekommen, können Sie auch Aprikosen oder getrocknete Feigen verwenden.

Energie 453 kcal/1902 kJ; Protein 56,7 g; Kohlenhydrate 8,8 g – davon 7,6 g Zucker; Fett 21,6 g – davon 9 g gesättigt; Cholesterin 188 mg; Kalzium 46 mg; Ballaststoffe 1,7 g; Natrium 123 mg

Lamm-Tajine mit knackigem Landsalat

Dieses köstliche Tajine-Rezept gehört zu den traditionellsten und beliebtesten. Das saftige Fleisch wird in einer Kombination aus Honig und wärmenden Gewürzen gegart. Am besten wird es mit einem mit Chili geschärften, knackigen Salat serviert, um die Süße des Hauptgerichts auszugleichen. Reichen Sie viel frisches Fladenbrot dazu, um die dicke, sirupartige Soße aufzusaugen.

FÜR 6 PERSONEN

1 kg knochenfreie Lammschulter, entfettet und in Würfel geschnitten
2–3 EL Sonnenblumenöl
25 g frische Ingwerwurzel, geschält und gehackt
1 Prise Safranfäden
2 TL gemahlener Zimt
1 Zwiebel, fein gehackt
2–3 Knoblauchzehen, gehackt
350 g entsteinte Backpflaumen, 1 Stunde eingeweicht
2 EL klarer Honig
schwarzer Pfeffer, frisch gemahlen
Salz
Fladenbrot als Beilage

Für den Salat

2 Zwiebeln, gehackt
1 rote Paprika, entkernt und gehackt
1 grüne Paprika, entkernt und gehackt
2–3 Selleriestangen, gehackt
2–3 grüne Chilis, entkernt und gehackt
2 Knoblauchzehen, gehackt
2 EL Olivenöl
Saft von ½ Zitrone
1 kleines Bund frische glatte Petersilie, gehackt
1 kleines Bund frische Minze, gehackt

1 Das Lamm in eine feuerfeste Tajine oder in einen Schmortopf geben. Das Öl, den Ingwer, den Safran, den Zimt, die Zwiebeln, den Knoblauch und die Gewürze hinzufügen, dann so viel Wasser zugießen, dass alles bedeckt ist. Bis kurz vor dem Siedepunkt erhitzen, dann den Deckel aufsetzen und 2 Stunden sanft schmoren, bis das Fleisch schön zart ist. Bei Bedarf Wasser nachgießen.

2 Die Pflaumen abgießen und zu der Tajine geben. Den Honig einrühren und weitere 30 Minuten schmoren, bis die Soße eingekocht ist.

3 Für den Salat die Zwiebeln, die Paprikaschoten, den Sellerie, die Chilis und den Knoblauch in einer Schüssel mischen. Das Öl und den Zitronensaft darüberträufeln und den Salat gut vermischen. Abschmecken und die Kräuter dazugeben.

4 Noch heiß mit dem Salat und etwas Brot servieren.

Energie 600 kcal/2504 kJ; Protein 42 g; Kohlenhydrate 28,2 g – davon 25,8 g Zucker; Fett 26,3 g – davon 10,9 g gesättigt; Cholesterin 222 mg; Kalzium 112 mg; Ballaststoffe 4,9 g; Natrium 199 mg

Lamm-Tajine mit Pflaumen

Diese herrliche Tajine ist eine ideale Kombination aus der Süße von Pflaumen und Honig, der Wärme von Ingwer und Zimt und der Knusprigkeit der gerösteten Mandeln. Als Beilage servieren Sie am besten Couscous, angereichert mit etwas fein gehacktem frischen Koriander, der ihm Würze und Farbe verleiht.

FÜR 6 PERSONEN

1 kg mageres Lammfleisch ohne Knochen, aus Schulter oder Nacken
2 EL Butter
1 EL Sonnenblumenöl
1 große Zwiebel, gehackt
2 Knoblauchzehen, gehackt
2,5 cm frische Ingwerwurzel, geschält und fein gehackt
1 rote Paprikaschote, entkernt und gehackt
900 ml Lammfond oder Wasser
250 g verzehrfertige Trockenpflaumen
Saft von 1 Zitrone
1 EL klarer Honig
¼ TL Safranfäden
1 Zimtstange, in Hälften gebrochen
50 g Mandelflocken, geröstet
schwarzer Pfeffer, frisch gemahlen
Salz

Für den Couscous

450 g Couscous
2 EL Butter
2 EL frischer Koriander, gehackt

1 Das Lamm vom Fett befreien und in 2,5 cm große Würfel schneiden. Die Butter und das Öl in einer großen, feuerfesten Tajine oder einem Schmortopf erhitzen, bis sie schaumig werden. Die Zwiebel, den Knoblauch und den Ingwer zufügen und unter gelegentlichem Umrühren andünsten, bis die Zwiebel weich, aber noch nicht angebräunt ist.

2 Das Fleisch und die rote Paprika zugeben und gut mischen. Mit dem Lammfond oder dem Wasser begießen.

3 Die Pflaumen, den Zitronensaft, den Honig, die Safranfäden und den Zimt zugeben. Mit Salz und Pfeffer abschmecken und gut durchrühren.

4 Zum Kochen bringen, dann die Hitze reduzieren und den Deckel aufsetzen. 1½–2 Stunden unter gelegentlichem Rühren schmoren, bis das Fleisch zart und gar ist.

5 Den Couscous in eine Schüssel geben, mit Salzwasser bedecken und durchrühren. 10 Minuten beiseitestellen. Die Butter und den gehackten frischen Koriander einrühren.

6 Den Couscous auf eine große, vorgewärmte Servierplatte geben oder in einzelne, vorgewärmte Schalen oder Teller.

7 Das Schmorgericht mit Salz und Pfeffer abschmecken. Auf den Couscous schöpfen und die gerösteten Mandelflocken darüberstreuen.

Energie 652 kcal/2716 kJ; Protein 35,2 g; Kohlenhydrate 30,9 g – davon 26 g Zucker; Fett 44,2 g – davon 16,4 g gesättigt; Cholesterin 141 mg; Kalzium 97 mg; Ballaststoffe 5,4 g; Natrium 223 mg

Rindfleisch-Tajine mit Süßkartoffeln

Fes ist bekannt als die Stadt, in der man die feinsten Tajines Marokkos zubereitet. Dies ist eine besonders herzhafte Variante, wobei die Süßkartoffeln und die wärmenden Gewürze einen milden Kontrast zu dem kräftigen Geschmack des Rindfleischs bilden. Wenn Sie keine Tajine haben, benutzen Sie einen Schmortopf mit einem festsitzenden Deckel, um denselben Effekt zu erzielen.

FÜR 4 PERSONEN

675–900 g Rindfleisch zum
　　Schmoren oder Dünsten
2 EL Sonnenblumenöl
1 große Prise gemahlene Kurkuma
1 große Zwiebel, gehackt
1 frische rote oder grüne Chili,
　　entkernt und fein gehackt
1½ TL Paprikapulver
1 große Prise Cayennepfeffer
½ TL gemahlener Kumin
450 g Süßkartoffeln
1 EL frische glatte Petersilie, gehackt
1 EL frischer Koriander, gehackt
1 EL Butter
Salz

1 Das Fleisch von überschüssigem Fett befreien und in 2 cm große Würfel schneiden. Das Öl in einer feuerfesten Tajine oder einem Schmortopf erhitzen und das Fleisch zusammen mit der Kurkuma bei mittlerer Hitze 3–4 Minuten unter häufigem Rühren anbraten, bis es gleichmäßig gebräunt ist.

2 Den Deckel aufsetzen und 15 Minuten bei relativ milder Hitze mit geschlossenem Deckel schmoren. Den Backofen auf 180 °C vorheizen.

3 Die Zwiebel, die Chili, die Paprika, den Cayennepfeffer und den Kumin in den Topf geben und gerade so viel Wasser aufgießen, dass das Fleisch bedeckt ist. Den Deckel fest aufsetzen und im Backofen 1–1 ½ Stunden schmoren, bis das Fleisch sehr zart ist. Gelegentlich kontrollieren und falls nötig ein wenig Wasser zufügen, um es saftig zu halten.

4 Inzwischen die Süßkartoffeln schälen und direkt in eine Schüssel mit Salzwasser in Scheiben schneiden, damit sie sich nicht verfärben. In einen Topf geben, zum Kochen bringen, dann 2–3 Minuten sieden und abgießen.

5 Den Großteil der Kräuter zum Fleisch geben und rühren, bei Bedarf noch etwas Wasser angießen. Die Kartoffelscheiben auf dem Fleisch

arrangieren und die Butter darauf verteilen. Den Deckel aufsetzen und noch 10 Minuten im Backofen schmoren, bis die Kartoffeln weich sind.

6 Die Backofentemperatur auf 200 °C erhöhen oder den Backofengrill vorheizen.

7 Den Deckel abnehmen und im Backofen oder unter dem Backofengrill noch 5–10 Minuten backen, bis die Süßkartoffeln goldgelb sind. Mit den restlichen Kräutern garnieren und servieren.

Variation
- Um einen anderen Geschmack zu erzielen, können Sie das Rindfleisch durch Lamm ersetzen.
- Für eine rustikalere Version des Gerichts können Sie es mit in Scheiben geschnittenen Kohlrüben statt der Süßkartoffeln versuchen.

Energie 434 kcal/1819 kJ; Protein 39,1 g; Kohlenhydrate 28,9 g – davon 10 g Zucker; Fett 18,8 g – davon 6,8 g gesättigt; Cholesterin 114 mg; Kalzium 66 mg; Ballaststoffe 3,9 g; Natrium 180 mg

Rindfleisch-Tajine mit Erbsen

Diese Tajine wird gerne am Abend gegessen und kann mit Rindfleisch oder Lamm zubereitet werden. Der Safran verleiht ihr den charakteristischen Geschmack und die zarte Farbe. Die Erbsen, die Tomaten und die herbe Zitrone, die am Ende beigefügt werden, beleben dieses reichhaltige, leicht ingwerscharfe Fleischgericht, und die braunen Oliven sorgen für eine kraftvolle Abrundung.

FÜR 6 PERSONEN

1,2 kg Rindfleisch zum Schmoren oder Kochen
2 EL Olivenöl
1 Zwiebel, gehackt
25 g frische Ingwerwurzel, geschält und gehackt
1 TL gemahlener Ingwer
1 Prise Cayennepfeffer
1 Prise Safranfäden
2 Tomaten
1,2 kg geschälte frische Erbsen
1 Salzzitrone, gehackt
1 Handvoll braune Kalamata-Oliven
schwarzer Pfeffer, frisch gemahlen
Salz
knuspriges Brot als Beilage

1 Das Fleisch von überschüssigem Fett befreien und in 2 cm große Würfel schneiden.

2 Das Fleisch mit dem Öl, der gehackten Zwiebel, dem frischen und dem gemahlenen Ingwer, dem Cayennepfeffer und dem Safran in eine feuerfeste Tajine oder einen Schmortopf geben, dann mit Salz und Pfeffer abschmecken.

3 Genug Wasser zugießen, damit das Fleisch komplett bedeckt ist, und zum Kochen bringen. Dann die Hitze reduzieren, mit dem Deckel verschließen und etwa 90 Minuten köcheln, bis das Fleisch sehr zart ist. Falls nötig, auch ein wenig länger kochen.

4 Inzwischen die Tomaten kreuzweise einschneiden und in kochendem Wasser 30 Sekunden überbrühen. Die Haut abziehen und das Fruchtfleisch klein hacken.

5 Wenn das Fleisch sehr zart gegart ist, die Erbsen, die Tomaten, die Salzzitrone und die Oliven hinzufügen. Alles gut umrühren und noch etwa weitere 10 Minuten im offenen Topf köcheln, bis die Erbsen weich sind und die Soße ein wenig eingekocht ist.

6 Mit Salz und Pfeffer abschmecken und falls nötig noch etwas nachwürzen. Die Tajine mit knusprigem Brot servieren.

Energie 492 kcal/2049 kJ; Protein 57,9 g; Kohlenhydrate 25,6 g – davon 7 g Zucker; Fett 18,2 g – davon 6 g gesättigt; Cholesterin 126 mg; Kalzium 61 mg; Ballaststoffe 10,1 g; Natrium 134 mg

Rindfleisch-Tfaia-Tajine mit Zimt-Couscous

Ein „Tfaia"-Gericht enthält weich gedünstete Zwiebeln und Sultaninen, die mit Safran und anderen Gewürzen verfeinert wurden. Man kann die Tfaia als Teil des Gerichts oder separat zubereiten und zum Fleisch servieren. Tfaia-Gerichte mit Rindfleisch gelten als besonders edel. Sie sind üblicherweise auf den Speisekarten der Restaurants in Fes und Marrakesch zu finden.

FÜR 4 PERSONEN
500 g mageres Rindfleisch
1 Zwiebel, fein gehackt
2–3 Knoblauchzehen, fein gehackt
1 TL gemahlener Koriander
1 TL gemahlener Kreuzkümmel
4–6 Kardamomkapseln
1 Prise Safranfäden
schwarzer Pfeffer, frisch gemahlen
Salz

Für den Couscous
350 g Couscous
½ TL Meersalz
400 ml warmes Wasser
1–2 EL Sonnenblumenöl
15 g Butter
1–2 TL gemahlener Zimt

Für die Tfaia
1 EL Olivenöl
1 EL Butter
2–3 Zwiebeln, in dünne Scheiben geschnitten
2 EL Sultaninen
2–3 Zimtstangen
1 TL Safranfäden, eingeweicht in 2–3 EL warmem Wasser
2 EL Honig
schwarzer Pfeffer, frisch gemahlen
Salz

Variation
Sie können dasselbe Rezept auch mit Lamm statt mit Rindfleisch zubereiten oder nur die „Tfaia" (ohne Fleisch).

1 Den Backofen auf 180 °C vorheizen. Das Fleisch in Streifen schneiden. Zusammen mit der Zwiebel, dem Knoblauch und den Gewürzen in eine feuerfeste Tajine oder einen Schmortopf geben.

2 Das Fleisch mit Wasser bedecken und zum Kochen bringen. Dann die Hitze reduzieren, den Deckel aufsetzen und etwa 40 Minuten leicht köcheln, bis es schön zart ist.

3 Den Couscous in eine ofenfeste Form geben. Das Salz in das Wasser einrühren und über den Couscous gießen. Zudecken und 10–15 Minuten ziehen lassen, bis der Couscous das Wasser aufgesaugt hat.

4 Mit den Fingern das Öl in den Couscous reiben, um die Körner zu trennen. Die Butter darüber verteilen. Ein Stück angefeuchtetes Backpapier über den Couscous legen und 15–20 Minuten im Backofen backen.

5 Inzwischen für die Tfaia in einer schweren Pfanne das Öl mit der Butter erhitzen und die Zwiebeln hinzufügen. 3–4 Minuten unter Rühren dünsten, bis sie weich werden.

6 Die Sultaninen, die Zimtstangen, den Safran samt dem Einweichwasser und den Honig hinzufügen. Mit Salz und Pfeffer abschmecken. Die Hitze reduzieren, den Deckel aufsetzen und 15 Minuten sanft köcheln.

7 Den Couscous auf eine Servierplatte häufen und mit Zimt bestreuen.

8 Das Fleisch auf den Couscous geben und die Tfaia darauf arrangieren. Den Fleischsud mit Salz und Pfeffer würzen, in eine Schüssel füllen und zum Gericht servieren.

Energie 554 kcal/2316 kJ; Protein 35,3 g; Kohlenhydrate 67,7 g – davon 19,4 g Zucker; Fett 17,5 g – davon 6,3 g gesättigt; Cholesterin 86 mg; Kalzium 98 mg; Ballaststoffe 3 g; Natrium 126 mg

Gemüse

Auf den Märkten Marokkos und anderer nordafrikanischer Länder ist neben importierten Feldfrüchten auch eine große Auswahl von Erzeugnissen der Bauern aus dem Umland zu finden. Nicht nur mediterrane Hauptnahrungsmittel wie Auberginen, Zucchini, Tomaten und Artischocken kommen auf den Tisch, sondern auch herzhafte Wurzelgemüse wie Kartoffeln, Karotten und Süßkartoffeln. Bohnen fügen den gemüsereichen Tajines Eiweiß hinzu und verleihen ihnen Konsistenz. Ein buntes Potpourri aus Gewürzen und Würzmischungen macht schlichte Zutaten zu kulinarischen Geschmackserlebnissen.

Gebackene Gemüse-Tajine mit Harissa-Joghurt

Diese ländliche Tajine aus der mittleren Atlasregion kann als Zwischengericht serviert werden oder auch mit Joghurt und knusprigem Brot als eigenständiges Hauptgericht. Traditionell wird sie in einem Dorf-Steinofen gebacken, aber zu Hause können Sie auch einen schweren, flachen Schmortopf oder eine irdene Auflaufform verwenden.

FÜR 4–6 PERSONEN

2–3 EL Oliven- oder Arganöl
2 Zwiebeln, halbiert und mit der Maserung in Scheiben geschnitten
4 Knoblauchzehen, gehackt
1–2 rote Chilis, entkernt und gehackt
2 TL Kreuzkümmelsamen
2 TL Koriandersamen
2 TL gemahlene Kurkuma
6 Kartoffeln, geschält und in dicke Scheiben geschnitten
2–3 Karotten, geschält und in dicke Scheiben geschnitten
1 Kopf Weißkohl, geputzt und in dicke Scheiben geschnitten
900 ml Gemüsefond
250 g Erbsen, frisch oder tiefgekühlt (zuvor aufgetaut)
1 Bund frische glatte Petersilie, fein gehackt
1 Bund frische Minze, fein gehackt
4–6 große Tomaten, in Scheiben geschnitten
1 EL Butter, in kleine Stücke geschnitten
schwarzer Pfeffer, frisch gemahlen
Salz
knuspriges Brot als Beilage

Für den Joghurt
500 g dicker, cremiger Joghurt
2 Knoblauchzehen, zerdrückt
1–2 EL Harissa-Paste
schwarzer Pfeffer, frisch gemahlen
Salz

1 Den Backofen auf 180 °C vorheizen. Das Öl in einer feuerfesten Tajine oder einem Schmortopf erhitzen. Die Zwiebeln zugeben und unter Rühren 2–3 Minuten braten, bis sie leicht braun werden. Den Knoblauch, die Chilis, die Kreuzkümmelsamen und die Koriandersamen hinzufügen und unter Rühren 1–2 Minuten andünsten.

2 Die Kurkuma, die Kartoffeln, die Karotten und den Kohl einrühren, dann den Gemüsefond zugießen und das Gemüse gut mit den Gewürzen und den Zwiebeln vermischen.

3 Den Deckel auf die Tajine setzen oder das Gericht mit Alufolie abdecken und etwa 25 Minuten im Backofen backen, bis die Kartoffeln und die Karotten bissfest gegart sind.

4 Die Erbsen und den Großteil der frischen Kräuter hinzufügen, ein wenig für die Garnitur beiseitestellen. Mit Salz und Pfeffer abschmecken.

5 Die Tomatenscheiben überlappend auf das Gemüse legen und die Butterstücke darauf verteilen.

6 Die Tajine ohne den Deckel wieder in den Backofen stellen und 15–20 Minuten backen, bis die Tomaten leicht bräunlich sind.

7 Inzwischen den Joghurt mit dem Knoblauch in einer Schüssel vermischen. Die Harissa einrühren und mit Salz und Pfeffer abschmecken. Beiseitestellen, bis die Tajine fertig ist.

8 Die Tajine mit dem Rest der Kräuter garnieren und mit Harissa-Joghurt und knusprigem Brot servieren.

Variation
Sie können die Auswahl der Gemüsesorten je nach Saison variieren, z. B. mit Brokkoli, Kürbis, Artischocken, Süßkartoffeln oder Zucchini.

Energie 284 kcal/1188 kJ; Protein 13,9 g; Kohlenhydrate 32,4 g – davon 21,9 g Zucker; Fett 13,9 g – davon 4,7 g gesättigt; Cholesterin 29 mg; Kalzium 362 mg; Ballaststoffe 9,5 g; Natrium 134 mg

Bohnen-Auberginen-Tajine mit Minz-Joghurt

Diesem traditionellen marokkanischen Gericht verleiht die Mischung aus Bohnen und Auberginen sowohl Konsistenz als auch Geschmack, welcher durch die aromatischen Kräuter und die Chili noch gesteigert wird. Anstelle von Auberginen können Sie auch eine Mischung aus Zucchini und roten Paprika verwenden.

FÜR 4 PERSONEN

100 g getrocknete Kidneybohnen, über Nacht in kaltes Wasser eingeweicht und abgegossen
100 g getrocknete Schwarzaugenbohnen, über Nacht in kaltes Wasser eingeweicht und abgegossen
2 Lorbeerblätter
2 Selleriestangen, jede in 4 Streifen geschnitten
5 EL Olivenöl
350 g Auberginen, in Stücke geschnitten
1 Zwiebel, in dünne Scheiben geschnitten
3 Knoblauchzehen, zerdrückt
1–2 frische rote Chilis, entkernt und fein gehackt
2 EL Tomatenmark
1 TL Paprika
2 große Tomaten, grob gehackt
300 ml Gemüsefond
je 1 EL frischer Koriander, Minze und Petersilie, gehackt
schwarzer Pfeffer, frisch gemahlen
Salz
frische Korianderblätter zum Garnieren

Für den Minz-Joghurt

150 g Naturjoghurt
2 EL frische Minze, gehackt
2 Frühlingszwiebeln, gehackt

Tipp

Getrocknete Kidneybohnen müssen über Nacht eingeweicht und gut gekocht werden, da sie im Rohzustand Toxine enthalten.

1 Die Kidneybohnen in einen großen Topf mit ungesalzenem kochendem Wasser geben, 10 Minuten sprudelnd kochen und abgießen. Die Schwarzaugenbohnen in einem separaten Topf 10 Minuten sprudelnd kochen, dann abgießen.

2 600 ml Wasser in eine großen Tajine oder einen Schmortopf füllen und die Lorbeerblätter, den Sellerie und die Bohnen hinzugeben. Zudecken und in den nicht vorgeheizten Backofen stellen. Den Backofen auf 190 °C stellen. Die Bohnen 1–1½ Stunden garen, abgießen und beiseitestellen.

3 4 EL Öl in einer Pfanne oder feuerfesten Tajine erhitzen. Die Auberginen hinzufügen und 4–5 Minuten unter Rühren andünsten, bis sie gebräunt sind. Aus der Pfanne nehmen und beiseitestellen.

4 Das übrige Öl in die Pfanne oder Tajine geben, dann die Zwiebeln hinzufügen. 4–5 Minuten unter Rühren weich dünsten.

5 Den Knoblauch und die Chilis hinzufügen und weitere 5 Minuten unter häufigem Rühren dünsten, bis die Zwiebeln goldbraun sind.

6 Die Backofentemperatur auf 160 °C reduzieren. Das Tomatenmark, die Paprika, die Tomaten, die gebräunte Aubergine, die abgegossenen Bohnen und den Fond hinzufügen. Mit Salz und Pfeffer abschmecken.

7 Den Deckel auf die Tajine setzen oder, falls Sie eine Pfanne benutzt haben, den Inhalt in eine irdene Tajine oder einen Schmortopf umfüllen. Im Backofen 1 Stunde schmoren.

8 Inzwischen den Joghurt, die Minze und die Frühlingszwiebeln mischen und in eine Servierschale füllen.

9 Die Kräuter zur Tajine geben und mit dem Gemüse vermischen. Mit Salz und Pfeffer würzen. Mit frischen, Korianderblättern garnieren und mit dem Minz-Joghurt servieren.

Energie 328 kcal/1377 kJ; Protein 14,9 g; Kohlenhydrate 35,2 g – davon 9,3 g Zucker; Fett 15,3 g – davon 2,2 g gesättigt; Cholesterin 0 mg; Kalzium 96 mg; Ballaststoffe 12,8 g; Natrium 28 mg

Tajine mit Artischockenherzen, Kartoffeln, Erbsen und Safran

In der Artischocken-Saison ist diese saftige Tajine besonders zu empfehlen, ebenso können auch andere Erzeugnisse aus dem Garten oder vom Feld verarbeitet werden. Frischer Koriander, Petersilie und Minze perfektionieren das sommerliche Aroma dieser Gemüse-Tajine und die Kurkuma steuert ihre erdige Wärme bei.

FÜR 4–6 PERSONEN

6 frische Artischockenherzen
Saft von 1 Zitrone
2–3 EL Olivenöl
1 Zwiebel, gehackt
700 g Kartoffeln, geschält und
    geviertelt
1 kleines Bund frischer Koriander,
    gehackt
1 kleines Bund frische Minze,
    gehackt
1 kleines Bund frische glatte
    Petersilie, gehackt
1 Prise Safranfäden
1 TL Kurkuma, gemahlen
etwa 350 ml Gemüsefond
Schale von ½ Salzzitrone, fein
    gehackt
250 g Erbsen
schwarzer Pfeffer, frisch gemahlen
Salz
Brot als Beilage

Tipp

• Bereiten Sie die Artischocken selbst vor, indem Sie die äußeren Blätter entfernen, die Stiele abschneiden, und das Heu am Boden mit einem Teelöffel ausschaben. Alternativ können Sie aber auch tiefgekühlte und bereits vorbereitete Artischockenherzen kaufen.

• Um ein Verfärben des Artischockenfleisches zu verhindern, legen Sie die Artischocken in Wasser mit etwas Zitronensaft oder Weißweinessig.

1 Die Artischockenherzen mit der Hälfte des Zitronensafts 10–15 Minuten sanft in siedendem Wasser garen. Abgießen und unter kaltem fließendem Wasser abschrecken, dann wieder abgießen. Beiseitestellen.

2 Das Öl in einer feuerfesten Tajine oder einem schweren Topf erhitzen. Die gehackte Zwiebel hinzufügen und bei niedriger Hitze etwa 15 Minuten dünsten, bis sie glasig, aber nicht gebräunt ist.

3 Die Kartoffeln zusammen mit dem frischen Koriander und der Minze, dem Großteil der Petersilie, dem verbleibenden Zitronensaft, dem Safran und der Kurkuma in den Topf geben.

4 Den Gemüsefond angießen und zum Kochen bringen. Dann die Hitze reduzieren und den Topf mit einem Deckel zudecken. Alles etwa 15 Minuten köcheln, bis die Kartoffeln fast gar sind.

5 Die fein gehackte Salzzitrone, die Artischockenherzen und die Erbsen hinzugeben und alles miteinander verrühren. Den Deckel von der Tajine nehmen und weitere 10 Minuten köcheln.

6 Das Gericht abschmecken und nach Belieben Salz und eventuell reichlich Pfeffer hinzufügen. Mit der verbleibenden Petersilie bestreuen und mit viel frischem Brot servieren.

Energie 260 kcal/1089 kJ; Protein 8,6 g; Kohlenhydrate 42 g – davon 10,6 g Zucker; Fett 7,5 g – davon 1,2 g gesättigt; Cholesterin 0 mg; Kalzium 96 mg; Ballaststoffe 7,9 g; Natrium 47 mg

Tajine mit Yams, Karotten und Pflaumen

Das Gemüse in dieser saftigen, sirupartigen Tajine sollte leicht karamellisiert sein. Am besten schmeckt sie mit gegrilltem Fleisch und Couscous oder mit warmem, knusprigem Brot und einem Blattsalat mit vielen Kräutern als Beilage. Dieses Gericht hat eine wunderbar wärmende Wirkung und ist daher in der kalten Jahreszeit besonders köstlich. Sie können es entweder mit Yams oder mit Süßkartoffeln zubereiten.

FÜR 4–6 PERSONEN

25–30 Perlzwiebeln
3 EL Olivenöl
etwas Butter
900 g Yams oder Süßkartoffeln, geschält und in mundgerechte Stücke geschnitten
2–3 Karotten, in mundgerechte Stücke geschnitten
150 g verzehrfertige entsteinte Trockenpflaumen
1 TL gemahlener Zimt
½ TL gemahlener Ingwer
2 TL klarer Honig
450 ml Gemüsefond
1 kleines Bund frischer Koriander, fein gehackt
1 kleines Bund frische Minze, fein gehackt
schwarzer Pfeffer, frisch gemahlen
Salz

1 Den Backofen auf 200 °C vorheizen. Die Perlzwiebeln in kochendem Wasser 1 Minute blanchieren, dann unter kaltem Wasser abschrecken. Die Zwiebeln schälen – die Haut sollte sich leicht ablösen lassen.

2 Das Öl in einer feuerfesten Tajine oder einem Schmortopf mit der Butter erhitzen und die geschälten Zwiebeln einrühren. Etwa 5 Minuten dünsten, bis die Zwiebeln gar sind. Die Hälfte der Zwiebeln aus dem Topf nehmen und beiseitestellen.

3 Die Yams (oder Süßkartoffeln) und die Karotten zu den Zwiebeln in den Topf geben und dünsten, bis sie leicht gebräunt sind.

4 Die Pflaumen mit dem Zimt, dem Ingwer und dem Honig zugeben, dann den Gemüsefond angießen.

Gut mit Salz und Pfeffer abschmecken, dann den Deckel auf die Tajine oder den Schmortopf setzen und im Backofen ca. 45 Minuten garen.

5 Die übrigen Zwiebeln zugeben, den Deckel wieder aufsetzen und nochmals 10 Minuten garen.

6 Den gehackten frischen Koriander und die Minze sanft einrühren und die Tajine sofort servieren.

Tipp
Yams haben eine braune Haut und cremefarbenes Fleisch, bei der Süßkartoffel ist es dunkelrot oder orange. Wenn Sie Yams und Süßkartoffeln kaufen, nehmen Sie feste Exemplare, die nicht „nachgeben", wenn man sie drückt.

Energie 454 kcal/1922 kJ; Protein 6,2 g; Kohlenhydrate 91,8 g – davon 27,1 g Zucker; Fett 9,5 g – davon 1,5 g gesättigt; Cholesterin 0 mg; Kalzium 111 mg; Ballaststoffe 7,9 g; Natrium 32 mg

Tajine mit Bohnen, Kirschtomaten und Oliven

Servieren Sie dieses herzhafte Bohnengericht vorzugsweise mit Gegrilltem oder Gebratenem, vor allem Fisch. Es ist aber auch reichhaltig genug, um allein auf den Tisch zu kommen, mit einem Blattsalat und frischem, knusprigem Brot als Beilage. In und um Tanger, wo der spanische Einfluss immer noch recht stark ist, wird bei Bohnengerichten wie diesem oft eine scharfe Wurst wie Chorizo verarbeitet. Diese kommt dann zusammen mit der Zwiebel in den Topf, um dem Gericht ihren charakteristischen Geschmack zu verleihen – aber natürlich nur, wenn die Gäste keine Vegetarier sind.

FÜR 4 PERSONEN

115 g Limabohnen, über Nacht
   eingeweicht
2–3 EL Olivenöl
1 Zwiebel, gehackt
2–3 Knoblauchzehen, zerdrückt
25 g frische Ingwerwurzel, geschält
   und gehackt
1 Prise Safranfäden
16 Kirschtomaten
1 großzügige Prise Zucker
1 Handvoll fleischige schwarze Oliven,
   entsteint
1 TL gemahlener Zimt
1 TL Paprikapulver
1 kleines Bund frische glatte Petersilie
schwarzer Pfeffer, frisch gemahlen
Salz

1 Die eingeweichten Bohnen abspülen und in einen großen Topf mit viel Wasser geben. Zum Kochen bringen, nach 10 Minuten die Hitze reduzieren und 1–1 ½ Stunden sanft köcheln, bis sie gar sind.

2 Die Bohnen abgießen, unter kaltem Wasser abschrecken und beiseitestellen.

3 Das Öl in einer feuerfesten Tajine oder einem Schmortopf erhitzen. Die Zwiebel, den Knoblauch und den Ingwer zufügen und etwa 10 Minuten dünsten, bis sie weich, aber nicht gebräunt sind.

4 Die Safranfäden einrühren, gefolgt von den Kirschtomaten und dem Zucker.

5 Wenn die Tomaten weich zu werden beginnen, die Bohnen einrühren. Sobald alles gut erhitzt ist, die Oliven, den gemahlenen Zimt und das Paprikapulver einrühren.

6 Mit Salz und Pfeffer abschmecken. Die Petersilienblätter von den Stängeln zupfen und darüberstreuen. Sofort servieren.

Tipp
Wenn Sie in Eile sind, können Sie auch zwei Dosen Limabohnen à 400 g für diese Tajine verwenden. Spülen Sie sie aber gut ab, bevor Sie sie in die Tajine geben, denn Dosenbohnen können oft etwas salzig sein.

Energie 146 kcal/615 kJ; Protein 7,4 g; Kohlenhydrate 16,2 g – davon 3,8 g Zucker; Fett 6,3 g – davon 0,9 g gesättigt; Cholesterin 0 mg; Kalzium 62 mg; Ballaststoffe 6 g; Natrium 16 mg

Okra-Tomaten-Tajine

Dieser Gemüsetopf ist eine nordafrikanische Spezialität und in Marokko besonders verbreitet. Die Okra ist auch als „Damenfinger" bekannt, wegen ihrer spitz zulaufenden Form. Wenn sie, wie in diesem Rezept, vor dem Kochen geschnitten werden, sickert aus den Schoten eine klebstoffähnliche Substanz, die dem Gericht eine unverwechselbare Konsistenz verleiht.

FÜR 4 PERSONEN

350 g Okraschoten
5–6 Tomaten
2 kleine Zwiebeln
2 Knoblauchzehen, zerdrückt
1 frische grüne Chili, entkernt
1 TL Paprikapulver
1 kleine Handvoll frischer Koriander
2 EL Sonnenblumenöl
Saft von 1 Zitrone

1 Die Okraschoten putzen und dann in 1 cm lange Stücke schneiden.

2 Zum Schälen die Tomaten kreuzweise einschneiden, dann 30 Sekunden in kochendes Wasser legen und mit einem Schaumlöffel wieder herausnehmen. Wenn sie etwas abgekühlt sind, die Schale abziehen – sie sollte sich jetzt leicht lösen. Die Tomaten vierteln und die Samen entfernen. Das Fleisch grob hacken.

3 Eine der Zwiebeln grob hacken und mit dem Knoblauch, der Chili, dem Paprika, dem Koriander und 4 EL Wasser in einen Mixer oder eine Küchenmaschine geben. Einige Korianderblättchen zum Garnieren zurückbehalten. Zu einer Paste verarbeiten.

4 Die zweite Zwiebel in feine Scheiben schneiden. Das Öl in einer feuerfesten Tajine oder einer schweren Pfanne erhitzen, die Zwiebelscheiben zugeben und 5–6 Minuten andünsten, bis sie goldbraun sind. Die Zwiebeln auf einen Teller geben und beiseitestellen.

5 Die Hitze reduzieren und die gedünsteten Zwiebeln sowie die Korianderpaste in die Tajine oder Pfanne geben. Auf mittlerer Hitze 1–2 Minuten unter häufigem Rühren andünsten.

6 Die Okra, die Tomaten, den Zitronensaft und etwa 120 ml Wasser zugeben. Alles gut miteinander verrühren, dann fest mit einem Deckel verschließen und auf niedriger Hitze etwa 15 Minuten köcheln, bis die Okra gar sind.

7 Die Okra-Tomaten-Tajine auf einer Servierplatte anrichten. Mit einigen frischen Korianderblättchen bestreuen und sofort servieren.

Variation

- Statt der Zwiebeln können Sie auch 3–4 Schalotten verwenden.
- Um der Tajine mehr Schärfe zu verleihen, können Sie die Chilischote auch mit Kernen verwenden.

Energie 115 kcal/482 kJ; Protein 4,2 g; Kohlenhydrate 9,6 g – davon 8,5 g Zucker; Fett 7 g – davon 1,2 g gesättigt; Cholesterin 0 mg; Kalzium 182 mg; Ballaststoffe 6 g; Natrium 26 mg

Kichererbsen-Tajine

Die Salzzitrone in diesem Rezept verleiht den Gerichten die charakteristische Note. Das Aroma von in Salz eingelegten Zitronen ist wundervoll. Mit dem leichten Salzgeschmack und der gegenüber den frischen Früchten geringeren Bitterkeit verleihen sie den Kichererbsen das gewisse Etwas.

FÜR 4 PERSONEN

150 g Kichererbsen, über Nacht eingeweicht, oder 2 x 400 g Kichererbsen in Dosen, abgespült und abgegossen
2 EL Sonnenblumenöl
1 große Zwiebel, gehackt
1 Knoblauchzehe, zerdrückt
400 g gehackte Dosentomaten
1 TL gemahlener Kreuzkümmel
350 ml Gemüsefond
¼ Salzzitrone
2 EL frischer Koriander, gehackt
Brot als Beilage

1 Die getrockneten und eingeweichten Kichererbsen 1–1½ Stunden im Wasser gar kochen. Abgießen und anschließend in eine Schale mit kaltem Wasser geben. Zwischen den Fingern reiben, um die Haut zu entfernen.

2 Das Öl in einer feuerfesten Tajine oder einem Schmortopf erhitzen, die Zwiebel und den Knoblauch hinzufügen und 8–10 Minuten unter häufigem Rühren andünsten, bis sie goldgelb sind.

3 Die Kichererbsen, die Tomaten, den Kreuzkümmel und den Gemüsefond hinzufügen und gut umrühren, um alles zu vermischen. Zum Kochen bringen, dann die Hitze reduzieren und 30–40 Minuten bei offenem Topf leicht köcheln, bis die Kichererbsen weich sind und der Großteil der Flüssigkeit verdampft ist.

4 Die Salzzitrone unter kaltem, fließendem Wasser abspülen und das Fruchtfleisch und die Kerne wegschneiden.

5 Die Schale in dünne Späne schneiden und zusammen mit dem Großteil des gehackten frischen Korianders in die Kichererbsen-Mischung rühren.

6 Mit dem Rest des frischen Korianders garnieren und sofort servieren, mit knusprigem Brot als Beilage.

Energie 207 kcal/871 kJ; Protein 9,7 g; Kohlenhydrate 26,4 g – davon 7,1 g Zucker; Fett 7,8 g – davon 0,9 g gesättigt; Cholesterin 0 mg; Kalzium 87 mg; Ballaststoffe 5,6 g; Natrium 56 mg

Register